世界を巡る美術探検

世界を巡る美術探検

木村重信

思文閣出版

装幀　上野かおる

目次

Ⅰ　ヨーロッパ

Ⅱ　アジア

Ⅲ アフリカ

Ⅳ オセアニア

Ⅰ　ヨーロッパ

1　ドルニー・ヴィエストニツェ（チェコ）

氷河時代のテラコッタ製女性像

狩猟漁撈民にとって絶好の地

二〇〇九年五月、諸新聞はドイツ南西部のホーレ・フェルス洞窟で、約三万五〇〇〇年前の氷河時代の女性裸像（いわゆるヴィーナス像）が発見されたと、写真つきで大きく報じた。高さ約六センチ、重さ三三グラム、左の肩と腕が欠損しているが、巨大な乳房と大きな腹、女陰を示す逆三角形が際立っている。同時に長さ二一・八センチのハゲワシ骨製の笛も見出された。

後期旧石器時代のこのような女性裸像は、西はフランスから、イタリアや中・東ヨーロッパを経て、東はシベリアのバイカル湖畔までの広い地域から、約六〇点発見されている。サイズは一〇センチ内外の小さい像が多く、最大のサヴィニャーノ・スル・パナーロ像（イタリア）が二二センチである。

これらの女性裸像は動物の骨や牙、石でつくられているが、ただ一つ、テラコッタ（粘土〈テラ〉を焼いた〈コッタ〉もの）製がある（図1左）。出土地はチェコのドルニー・ヴィエストニツェである。最古の焼成土器は約一万年前にイランでうまれたと考えられているから、それより二万年も前の後期旧石器時代にテラコッタ製の彫刻がつくられたことは、大きな驚きである。

二〇〇六年七月下旬、私はブルノから約四〇キロ南方のドルニー・ヴィエストニツェに車で向かった。国道E65をフストペチェで降りて少し行くと、前方に東西に長いノヴェー・ムリーニ湖が見え、その湖を道路が横断している。その横断道路が終わったところに、ドルニー・ヴィエストニツェ村がある。ドルニーは「低い」の意である。

この村は数十戸の小さい集落であるが（図2）、その中心のバス停留所のところに二階建の考古学陳列館がある。その二階の窓から外を眺めると、東方のパヴロヴ高地にローマ時代の城塞ディーヴチー・フラディが見え、南方の山地にもシロトチー・フラーデク城の廃墟が望まれる。北方と西方には先述の湖と、それに流入する、北からのスブラトカ川と西からのディエ川がひろがる。この地形を見て私は、ここが旧石器時代の狩猟漁撈採集民にとって絶好の生活の場であったことを実感した。なぜなら川、湖、山や谷といった地形が、落し穴や追い込みによる獣の狩猟、魚や貝類の漁撈、木の実の採集にきわめて恵まれているからである。またパヴロヴ高地にローマ帝国の守備隊の本拠（ムショヴ）が置かれたように、獲物である獣を見張るのにも最適の地であった。

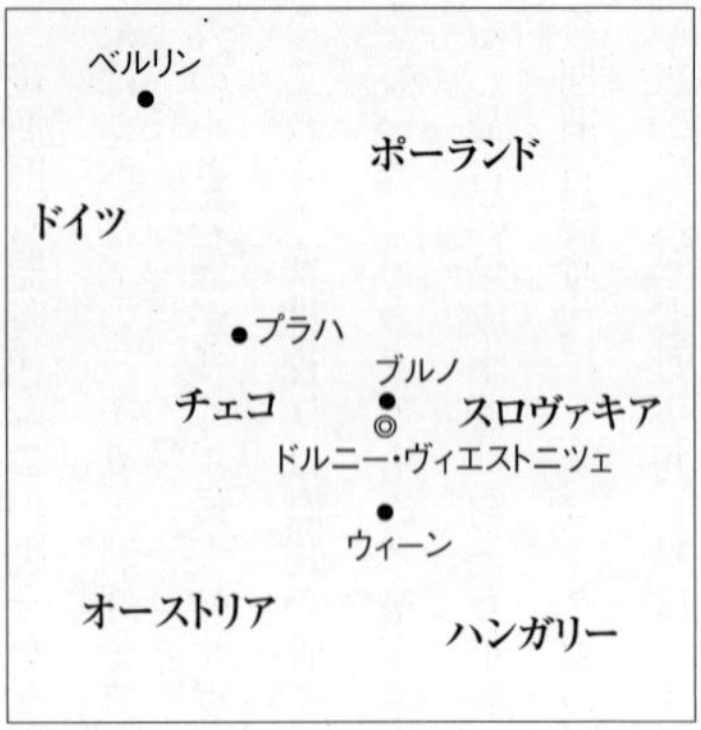

マンモス・ハンターの生活

陳列館は小ぢんまりした規模であるが、内容は充実している。戦前のカレル・アブソロン（一九二四～三八年）以来の長年月にわたる発掘調査によって、数多くの遺品が発見された。とくに第二次大戦後、近くのパヴロヴ高地の東斜面で、約四平方キロにわたる広大な居住跡が見出され、調査は現在も続行中である。

出土した多くの石器、骨角器（動物の骨や角でつくられた道具や武具）などの遺品に即して、陳列館では後期旧石器時代人の生活が示されている（女性裸像などの彫刻はブルノのモラヴィア地方博物館にあり、ここには複製が展示されている）。それによると、当時この地に住んだ人びとはマンモス・ハンターであった。マンモスは季節的に群れを組んで移動するが、通過する谷は毎年きまっていた。したがってスブラトカ川とディエ川が合流するノヴェー・ムリーニ湖畔のドルニー・ヴィエスト

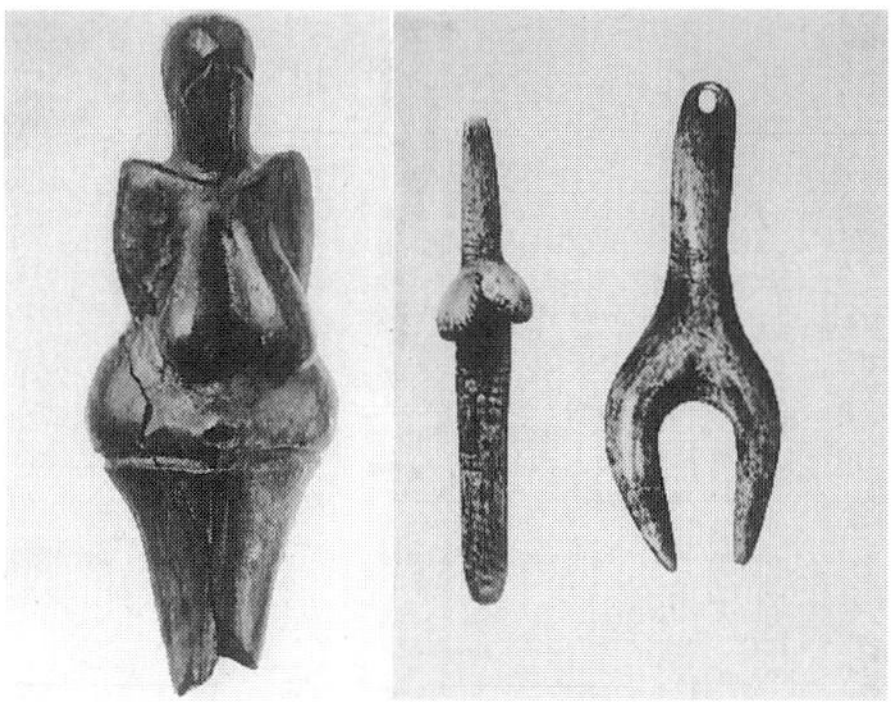

図１　女性裸像（後期旧石器時代）
（左）テラコッタ：高さ 11.5cm
（中）象牙：高さ 9 cm
（右）象牙：高さ 9 cm

図２　ドルニー・ヴィエストニツェ村

ニツェは最良の猟場であった。かれらの武器は投矢と投槍で、弓はまだ知られていなかったから、マンモス猟は落し穴や追い込みによっておこなわれた。このことは、ここから約一〇〇キロ北東のベチヴァ河畔のプルシェドモスティー遺跡によって証明される。この遺跡には六〇〇頭以上のマンモス骨の堆積があったが、そのなかに食糧獲得や道具製作のためにはあまり有用でない幼獣が多く含まれていたからである。

ドルニー・ヴィエストニツェでは、旧石器時代人の生活層が黄土の厚い層に覆われていた。この黄土は紀元前二万年頃に堆積したが、平地に建てられた住居や生活遺物はすべてその黄土層の下にある。皮葺《ぶ》き屋根をもつ住居の平面は円形ないし楕円形で、複数の炉があった。炉の近くから石器や骨角器、テラコッタ製動物像が多く見出された（図3）。またマンモス骨を含む、大きな貝塚が発見されているから、湖や川での漁撈も大切な生活の手段であったことがわかる。

ある住居跡の端に墓があり、四〇歳ぐらいの女性の遺骸が見出された。遺骸は身体の右側を下にして、二つのマンモス肩胛骨に覆われ、頭蓋骨には赤色が塗られていた。赤色は生命（血）の表象として、他遺跡の遺骸にもほどこされている。ここの生活層からは、三人の青年の遺骸も見出されている。

出産願望の「ヴィーナス像」

陳列館の出土状況を示す地図によると、先述の女性裸像は、村の少し東のノヴェー・ムリーニ湖畔の、紀元前二万七〇〇〇～二万五〇〇〇年の層から見出され、そのすぐ近くから各種動物像が出土した。これらはいずれも、マンモスの骨を焼いた灰と粘土とを混ぜ、人物や動物に成形した後、火で焼き締めたものである。このような技術の発明によって、非常に自由な造形が可能となり、人物や動物の姿態が的確にとらえられた。

女性像は乳部、腹部、臀部が誇張してあらわされているが、生殖に関係のない部分は省略されていて、顔には目鼻さえつけられていない。これは旧石器時代の女性像のすべてに共通する特色である。したがってこれらは当時の人の身体的特徴を表現したものではなく、出産ひいては獲物の繁殖を願望してつくられたのである。このことは、これらの女性像がすべて裸で、そのサイズが高さ一〇センチ以下と小さく、護符として扱いやすい大きさであることからもわかる。

かくして先史学者のあいだで「ヴィーナス」という呼び名が用いられるようになった。すなわち、

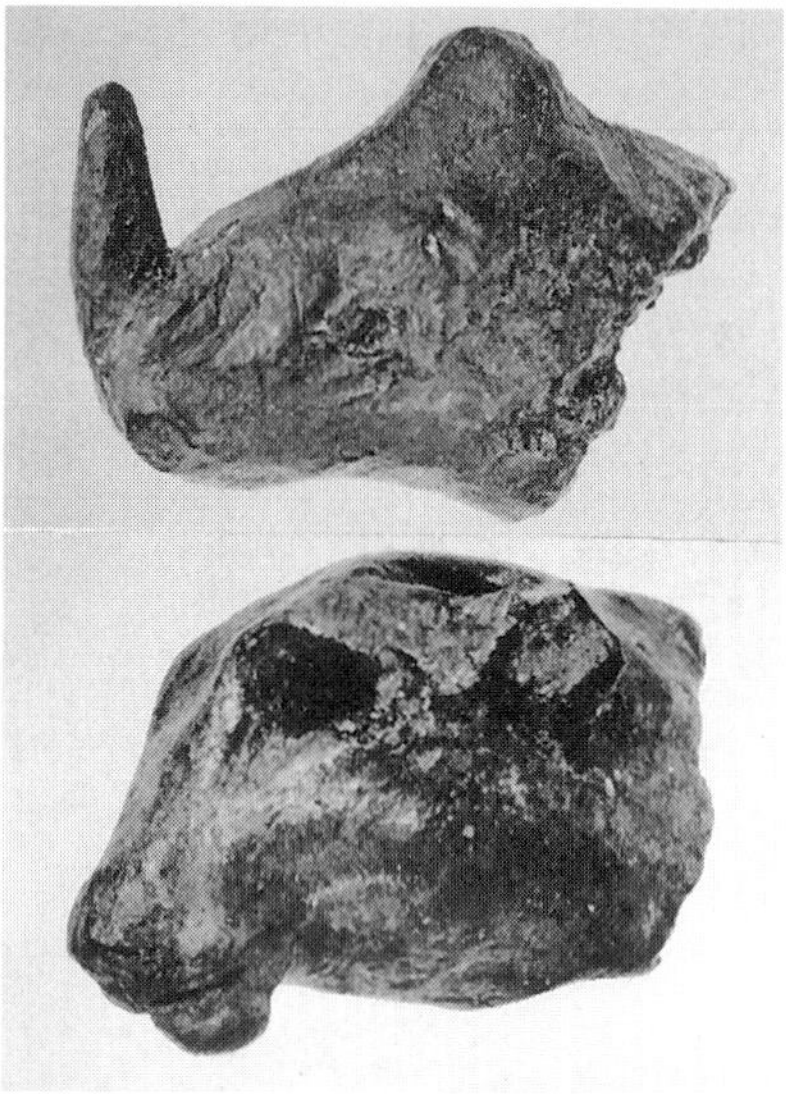
図3　テラコッタ製動物像(後期旧石器時代)
(上)サイ頭部：長さ4.2cm
(下)ライオン頭部：長さ4.5cm

ローマ時代の「ウェヌス・ゲネトリクス（出産のヴィーナス）」によく似た性格のものであったろうというわけである。

このテラコッタ製女性像とは別に、ここから二点のマンモス骨製の女性像が出土している（図1中・右）。（右）はフォークのような形を示し、（中）は二つの袋のような隆起をもつ棒状のものである。前者は女性の腰部と股部と陰門のみをあらわし、後者は棒を身体と見立てて、それに誇張した乳房をつけたものである。これらは先のテラコッタ製女性像と同じくオリニャック後期のものとされているが、制作時期について異論がある。それはともかく、女性裸像のもつ出産、繁殖という呪術性が強調され、写実性が軽視されたわけである。

これらの女性像をいわゆる地母神像の先駆と考える学者がいる。しかし私はその考えに賛成しない。なんとなれば、新石器時代の農耕社会における、豊穣の象徴である地母神像には、なんらかの神聖性があり、したがってそれは祈願の対象であった。ところがドルニー・ヴィエストニツェ像などの旧石器時代の女性像にはそのような神聖性はなく、むしろ妊婦の具体的表現であって、一種の呪物なのである。

ちなみに、スロヴァキアの2コルナ硬貨の裏面に、ドルニー・ヴィエストニツェの女性裸像に似た、ニットラ出土の新石器時代の女性裸像があらわされている。

テラコッタ製動物小像と楽器

女性像と同じように、テラコッタ製のクマ、ウマ、ライオン（図3下）、マンモス、サイ（図3上）、キツネなどの動物をあらわした彫刻も呪物であった。したがってそれらのほとんどが意識的にこわされ、呪術的な殺害、捕獲の願いが込められていた。

ドルニー・ヴィエストニツェから、マンモス骨製の女性頭部（高さ四・八センチ）が出土している。これは旧石器時代の女性像としては珍しく目、鼻、口が刻まれている。

なお冒頭に、ドイツのホーレ・フェルスから女性像とともに笛が出土したというニュースを紹介したが、このような縦笛、横笛、ガラガラはヨーロッパの諸遺跡から多く見出されている。ホーレ・フェルス出土の縦笛には規則正しく四つの穴があけられ、端は斜めに切られて、口をあてやすいようになっているが、これと全く同じ保存状態のよい二個の縦笛がイスチュリッツ（フランス）から出土している。また横笛は二〇個ほどオーリニャック洞窟（フランス）などから発見されており、ロルテ（フランス）などから多くのガラガラが見出されている。さらに「指揮棒」と称される、特殊な穴あき棒が三〇〇個以上も出土している。これらの楽器や指揮棒は、洞窟壁画や動産美術（独立した石や骨などでつくられた彫刻、石や骨にほどこされた彩画、刻画、浮彫などの小美術で、持ち運びのできるもの）にあらわれる呪術師の表現とも考えあわせて、おそらく呪術儀礼に用いられたのだろう。

リヒテンシュタイン家の遺産

ドルニー・ヴィエストニツェからの帰途、近くにある世界遺産のヴァルチツェとレドニツェの宮殿を見学した。二つの宮殿は約八キロはなれているが、ともに神聖ローマ帝国直属の名門、リヒテンシュタイン公爵家が十三世紀から一九四五年まで支配した領地にあり、二〇〇平方キロの敷地に十三

9——1　ドルニー・ヴィエストニツェ（チェコ）　氷河時代のテラコッタ製女性像

世紀以降に建てられた宮殿や庭園がある。広大な芝生に、自然林や人工林、池や水路を取り入れたイギリス式庭園のほか、種々のタイプの庭がある。また建物はロマネスク、ゴシック、イタリア・ルネサンスなど、さまざまな様式が見られるが、レドニツェ宮は十七世紀初頭にバロック様式に改装され、夏の宮殿として利用された。建物と庭園との美しい融合はヨーロッパ屈指の宮殿といわれる。

このあたりはオーストリアおよびスロヴァキアの国境に近く、ヴァルチツェからオーストリア国境までは三キロもない。

2 ヴィンゲン（ノルウェー）

極北の先史岩面画遺跡

厖大な先史岩面画の発見

約一〇〇年前のある日、数人の漁夫が西ノルウェーのノルドフィヨルド入口近くのヴィンゲンでニシン漁をしていた。海にせまる嶮しい岩山と海岸線の間に狭い土地があったので、休憩するため上陸した。そして偶然、岩床に刻まれた岩面画を見つけた。大部分は麋《おおじか》で、人物や抽象図形もあった。やがて考古学者による綿密な調査がおこなわれ、約一二〇〇点の刻画が見出され、石器時代のものと判定された。この数字は一九六三年の再調査でさらに増えて、一五〇〇点に達した（図1）。

一九九七年八月、私は世界最長のソグネフィヨルドのソグンダルから、ソグン・フィヨルダネ県のヴィンゲンに向かった。途中、ヨーロッパ最大のヨステダルスブレ氷河を至近距離から見て、その壮大さに息をのんだ。ノルドフィヨルドのイサネから先は車がやっと通れるほどの細い道で、その道もメロイまで。ヴィンゲン遺跡へは船以外では行けないので、二〇人乗りの船に乗った。

岩面刻画遺跡はベルゲン大学歴史博物館の所有で、遺跡とその周辺約五〇ヘクタールは景観保護区に指定されている（一九八〇年）。したがって見学者は予《あらかじ》め所有者の許可を得て、その指示に従わなければならない。私が訪れたときはベルゲン大学で考古学を専攻する大学院生が案内してくれた。

遺跡は嶮しい岩山を背にした、狭いヴィンゲポルレンフィヨルドの最も奥にある。遺跡西方の島にホルネレン山（八六〇メートル）があり、この地のランドマークになっている。

刻画がほどこされているのは、新古生代のデヴォン紀（三億六〇〇〇万年前）に形成された砂岩の岩床で、きわめて硬い。この砂岩層からうまれた土壌は栄養分が至って少なく、植物の生長に適しない。したがってヴィンゲン遺跡には現在でも樹木はなく、岩床の間に草が生えているだけである。

しかしここに大昔の石器時代には狩猟・漁撈民が、鉄器時代以後には農耕・漁撈民が住んだ。前者の証拠が岩面刻画であり、後者の遺物は住居址、住居を建てるために除去した石の集積、耕作のための小さい畑などである。たとえば学者たちによって「キャベツ石」と名づけられた大きな石塊が見出

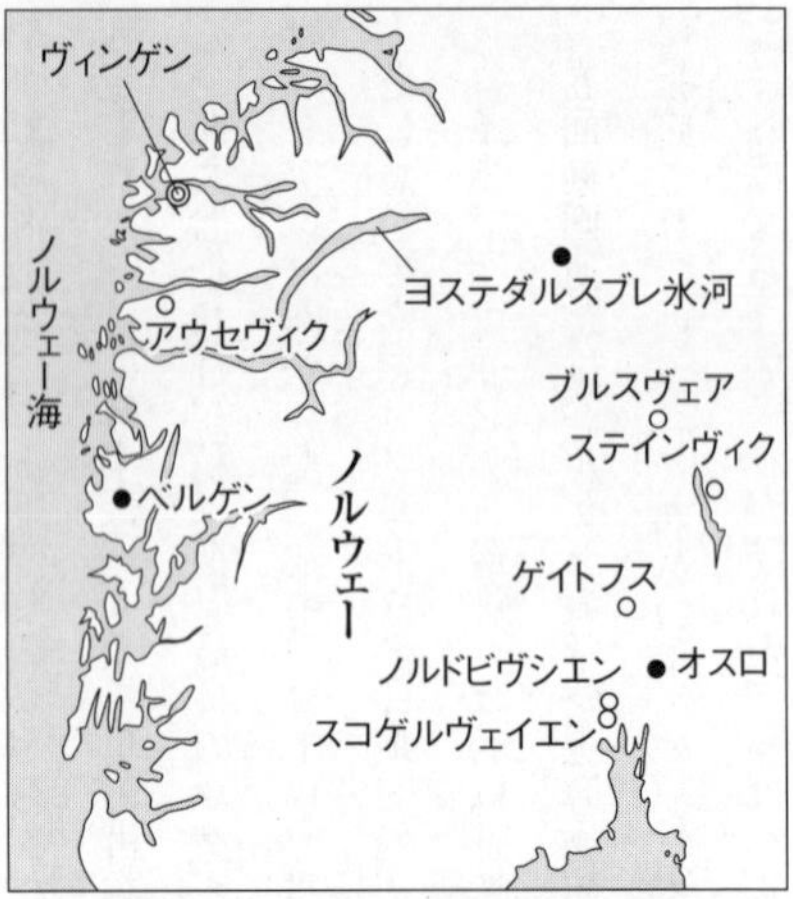

図1　麋などが刻まれた岩床
（ヴィンゲン／中石器時代）

されたが、その頂部には耕作地の区画図が刻まれていた。

刻画の技法と内容

ヴィンゲン岩面画の主題は動物、とくに麋が主で、人物や幾何学的図形も少しある。斧のような形の人物像がヴィンゲン岩面画を特色づける。刻画の技法は形象を線で刻む線刻画と、形象をたたき彫りで表現する敲打画の二種があるが、ヴィンゲンでは前者が圧倒的に多い。線刻画にも、一本の線で動物の輪郭を刻み、角、耳、脚もその線に取り込んだ一線彫りと、多少にかかわらず複数の線を用いたものとがある。前者では、動物の脚は前後二本しかあらわされず初期様式を示すが、ヴィンゲンには稀である。

興味深いのは、いわゆるX線描法といわれる、外からは見えない身体内部の内臓をあらわす刻画が多く見出されることである。このようなX線刻画のなかに、ゲイトフス遺跡のように、一本の線が動物の口から胸または腹に向かい、最後は卵形で終わる珍しい表現がある（図2）。この線は生命線をあらわすと考えられる。なお、この種のX線描法はオーストラリアの原住民であるアボリジニの岩面画や北アメリカ先住民のオジブワ人の土器などにも見出される。

図2では麋が交尾しているが、この種の性交場面や、動物に向かって飛ぶ矢の表現もある。これらは当該動物の繁殖ないし殺害を願う気持ちのあらわれである。これに関連して、多くの学者によって女陰と解釈される⦶形の記号が見出される。

なお、これらの岩面画の制作年代は紀元前四〇〇〇～前一八〇〇年で、極北美術と総称される。

図２　交尾する麋（ゲイトフス／中石器時代）

ヴィンゲン岩面画の大部分は大変見にくく、なかには施された技法が定かでないものがある。しかしそのような刻画でも、斜めに光が射して刻線に影ができるとか、岩面が湿気を帯びると、はっきり見える場合がある。それにしてもなぜこのようにはっきりしない刻画をつくったのだろうか。もとより長年月の間に磨耗したこともあるが、当初は刻線や形象に顔料が充填されていたのである。その事実を示す例がヴィンゲン刻画にも多くあり、酸化鉄から得られた赤の顔料が残存していた。現在、私たちが現地で目にする岩面画の刻線や形象に、研究者によって赤色（ときには白色）が塗られていることが多い所以である（明晰な形象写真を得るために着色された）。

アウセヴィク岩床

ヴィンゲンで魚をとっていた漁夫たちが岩面画を発見したことは、単なる偶然とはいえない。かれらが見出した岩面画は大昔ここで狩猟や漁撈を営んだ人たちによって制作されたからである。現在もこの地には麋が多く棲息し、また良好な漁場でもある。ヴィンゲンだけでなく、ノルウェー各地に狩猟・漁撈生活にもとづく岩面画が広く分布している。

たとえばヴィンゲンの少し南のアウセヴィクの広大な岩床には、約四〇〇点の形象が集中してあらわされている（図3）。ヴィンゲンの麋に類似する様式化された形象のほかに、かなり写実的な麋、

図3　敲打法による麋
（アウセヴィク／中石器時代）

きわめて抽象化された動物や人物、そして螺旋や同心円や迷路図形のような幾何学的パターンが見出される。技法も輪郭を刻む一線彫りから、形象の全面をたたき彫りした敲打画まで、変化にとんでいる。

とくに注目しなければならないのは、わずかに傾斜する岩面に刻まれた、身体全面が敲打された麋の群れである。これらの麋は、いずれも前後の脚を前方および後方に大きく伸ばし、飛走のポーズをとる（図3）。そして大きな腹と強靭な脚は、著しい様式化にもかかわらず、動きにとんでいる。いわゆる「表現主義的」様式を端的に示す作例で、北ノルウェー諸遺跡の動物像における自然主義的様式と対立している。アウセヴィクやヴィンゲンで見出される、これらの様式化の著しい刻画は、概してサイズが小さく、最大の形象でも四六センチで、実物大の形象が多い自然主義的様式と際だった対照を示す。

多種多様な抽象図形については、後世の青銅器時代岩面画の日輪の先駆を除き、その意味はわからない。少数意見として、動物像の身体に刻まれた錯綜する線が独立したもので動物をあらわすとか、動物の皮であるとかいう説がある。

ところで、これらの極北岩面画には、いわゆる場面がなく、それぞれの形象は孤立している。多くの形象が集合している場合でも、各形象の方向はまちまちである。これらの事実は歪曲遠近法（動物の身体は側面から見られているのに、角や蹄《ひずめ》が正面ないし四分の三正面から見られて、前方に捩《ね》じ曲げてあらわす描法）が一般的であることや、その様式が写実的であることとも関連して、極北岩面画が西ヨーロッパの旧石器時代洞窟壁画と類似していることを示す。

しかし、洞窟壁画には構図意識がないが、極北美術の岩面画にはコンポジションめいたものが見出される場合がある。たとえば先述のアウセヴィクの麋のグループは、それぞれの麋が互いに関連するように意図的に配置されているように見える。しかしこの場合でも、それぞれの麋は水平・垂直方向に整えられておらず、多方向に並べられている。

岩面画遺跡の立地条件

ヴィンゲンやアウセヴィク以外の岩面画を、私はノルウェー各地で調べた。そして判明したことは、遺跡のほとんどが野生動物や魚の多い海、川、湖、池のほとりに位置することである。たとえばリルレハンメル西方のブルスヴェアや東方のステインヴィクの岩面画遺跡は、川岸の断崖に刻まれている。そして主題もヴィンゲンやアウセヴィクの諸動物のほかに鹿、馴鹿《となかい》、熊、鯨、アザラシ、各種の魚や水鳥などに及ぶ。しかも空いた岩面がほかにいくらでもあるのに、特定の岩面に形象が繰りかえし刻まれて、古い刻画の上に新しい刻画が重なることが多い。このことはおそらくそこが呪術的に意味のある場所だったのだろう。

遺跡のなかには、何千年もの間に、川の流れが変わったり、または変えられたり、住宅地として開発されたりしたところもある。たとえばオスロの南にドランメンという都市があるが、その近くのスコゲルヴェイエン遺跡の探索には難儀した。観光案内所で詳細な地図をもらい、タクシーの運転手とともに探したが、なかなか見つからない。というのは、遺跡のある場所が新しい住宅地になっていたからである。ようやく探し当てたが、遺跡は個人住宅地内にあり、二四〇センチの鯨の刻画は鉄柵のなかに保存されていたが、他の多くの動物像は土で埋められていた。しかしその近くのノルドビヴシエン遺跡の大きな麋の刻画は、公園の囲いのなかに保存されていた。

極北美術の意味

石器時代の人びとは野生の動物や魚や植物に依存して生活を営んだ。諸動物はかれらに食料や被服を与えたが、その一方、人間にはない種々の能力を有していた。たとえば獣や魚や鳥は、どの狩人よりも早く原野や森を駆け、空を飛び、水中を泳ぐことができた。また動物は人間よりもよく聞き、嗅《か》ぐことができ、あるいは強く獰猛《どうもう》で、ときには人間の生命をおびやかした。その結果、人びとはあらゆる手段を用いて動物からの危険を避け、自らを守る必要があった。このように動物は、当時の人びとにとって最大の食料であるとともに、決定的な対立者であり、したがって人びとは種々の方法で動物に働きかけた。そのような努力の端的なあらわれが、厖大な極北岩面画なのである。

3 ストーンヘンジ(イギリス)

死を象徴する巨石モニュメント

壮大な巨石記念物

イングランド南部のソールズベリー平原に巨大なストーン・サークル(環状列石)がある。ストーンヘンジと称され、サクソン語の stanhengest すなわち「吊り下げられた石」に由来する。一九九一年夏、私はブリストルからバース、ウェルズを経て現地を訪れた。この遺跡についてはそれまでに何度か書いたことがあるが、現物を見るのは初めてで、今更ながらその壮大さに打たれた(図2)。

ストーンヘンジは直径約一〇〇メートルの周堀をともなう円形の堤のなかに設けられた複雑な構築物で、三つの時期につくられた。

第一期に外周をめぐる堀と、その内側および外側の堤がつくられ、堤の外にヒールストーンとよばれる石、中心に一本の木柱が立てられた。内側の堀にそって五六個の穴があり、その中に人骨や牛の頭蓋骨が葬られた(図1)。これらの穴は発見者のJ・オーブリーの名をとって、オーブリー・ホールズとよばれる。年代は放射性炭素測定によって紀元前二一八〇年頃と考えられる。

前一八〇〇年頃に変化がおこる。これが第二期である。堤の内側に二重の環になって並ぶ八二個のブルーストーン(青石)が立てられたが、今はなく、穴だけが残っている。またこの時期に入口も参道の方につけかえられたが、この参道は幅一三メートルで、二つの平行する溝と堤をもち、エーヴォン河畔まで約二キロ続いている。

第三期は前一五〇〇年〜前一四〇〇年の初期青銅器時代にあたり、第二期の青石の二重環状列石をとりこわして、現存する二重の環状列石をつくり、さらに二重の馬蹄《ばてい》形列石や祭壇石などを構築した。最も外側の環状列石は三〇個の大きな長方形のサルセン石（珪質砂岩）を等間隔に並べて、その上に楣石《まぐさいし》をのせたもので、直径は三〇メートルである。つぎの環状列石は約三〇個の小さな青石を並べただけで、楣石はない。直径は二三メートルである。その内側に五組のサルセン石のトリリトン（二個の立石の上に、横に一個の石をのせた門形の構築物）を馬蹄形に配しているが、立石は一個二五ト

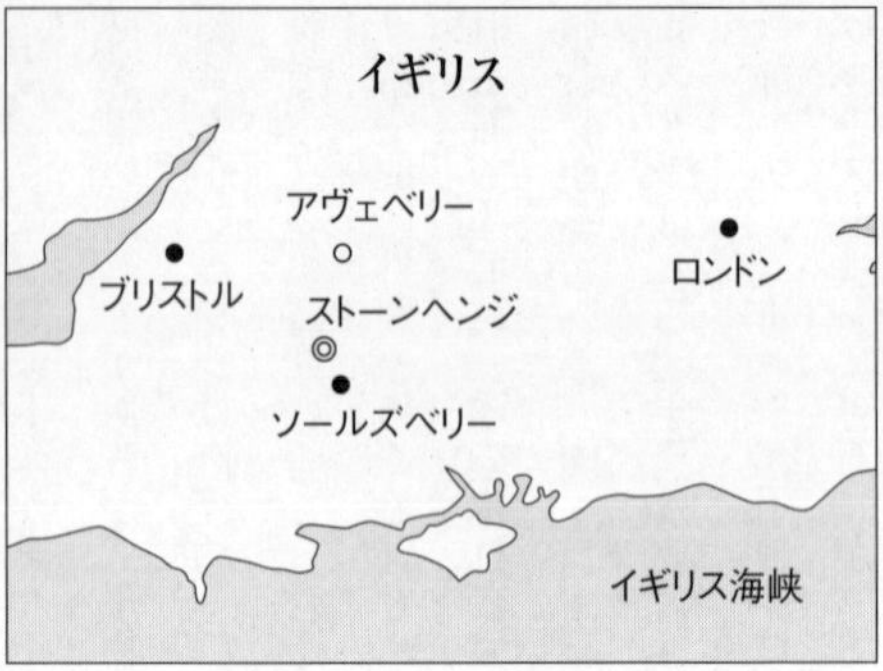

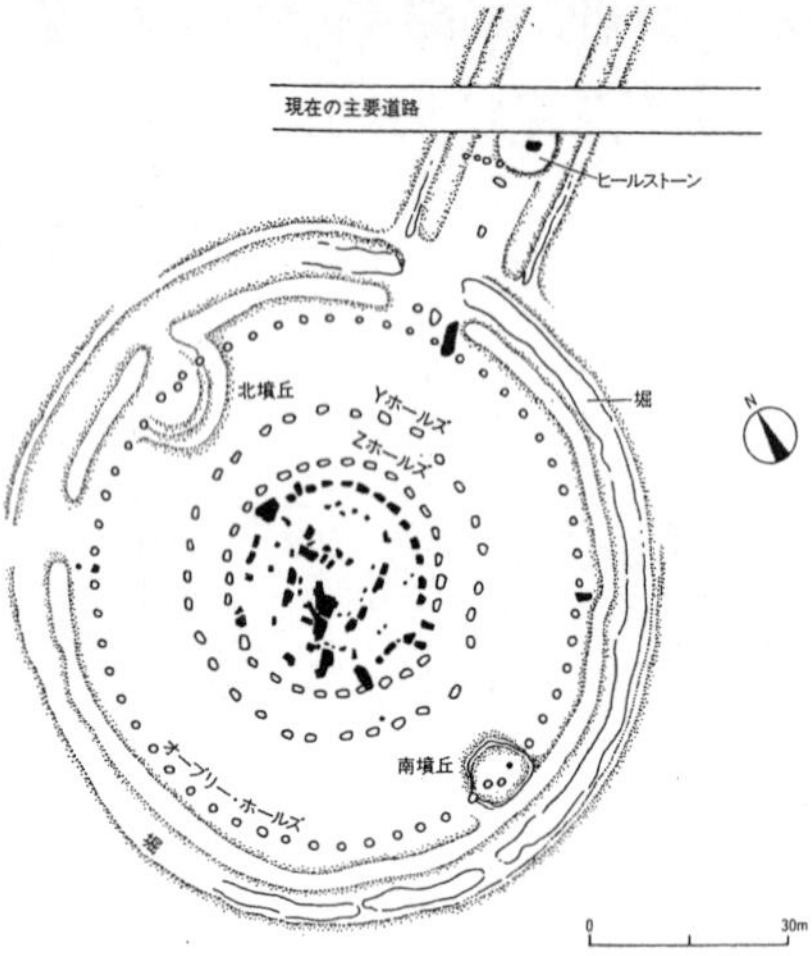

図1　ストーンヘンジ平面図

図2　ストーンヘンジ(新石器時代〜青銅器時代)

ン、楯石は七トンもあり、総高は七メートルである。さらにその内側に一九個の小さな青石を同じく馬蹄形に配置し、中央に長方形のいわゆる祭壇石をおく。

巧みな技術と遠方からの運搬

外側の環状列石と内側の馬蹄形列石の組みあわせはきわめてユニークで、石の加工技術もすぐれている。すなわち、巨大なサルセン石が上にいくにしたがって細くなるように加工され、その表面がゆるやかな凸面状になるように入念に整えられている。また楯石は立石に密着するように削られるとともに、立石頂部の突起を嵌《は》め込《こ》むためのほぞ穴が穿《うが》たれている。なお、若干の石には斧や剣が彫られているが、これらは青銅製の武器をあらわしたものである。

ここに用いられた石は、青石とサルセン石の二種であるが、そのなかには重さ五〇トンもある石がある。青石は二二〇キロ西方のサウス・ウェールズのプレスセリ山から運ばれ、サルセン石は三八キロはなれたマールボローのダウンズから運ばれた。これらの石を運搬し加工し組み立てた背後には、かなり強大な社会組織があったことを推察させる。

制作の目的

ストーンヘンジには、アーサー王伝説の魔法使いマーリンがアイルランドから移したという伝承や、ドルイド教徒の祭祀場説がある。ドルイドというのは、古代ケルトの宗教をつかさどった聖職者を指す（五四～五九頁のサン・ブノワ・シュル・ロワール参照）。しかしストーンヘンジは先述のように前二千年紀中頃以前につくられたから、右の伝承は否定される。また、中央部の石組が夏至の日の出の方向を観測するように設計されているので、太陽崇拝と関係し、当時の人びとが恐れていた日蝕や月蝕の時期の予知にも役立ったとする意見がある。では、ストーンヘンジはいかなる目的からつくられたのか。

ストーンヘンジの北東約三キロにウッドヘンジがある（図3）。直径七五メートルの環状の堤の内側周溝のさらに内部に、同心円状の六重柱穴群がある。一八六の柱穴に現在はコンクリート製の円柱が立つが、もとは木の丸太が立っていて、人工の森のようであった。しかもその円柱は彩色されたり彫刻が施されたりしていたらしい。また中心部の柱環の上にはトリリトン風の横木が渡されていた。しかもストーンヘンジと同じく、入口の通路は夏至の日の出と一直線になるように設計されていた。

このことはウッドヘンジが、石にたいする木という関係によって、ストーンヘンジと対応したことを示す。すなわち、ストーンヘンジに埋葬された人骨や牛の頭蓋骨が死を意味するなら、ウッドヘンジは生を象徴している。木は命あるものとして暖かく、石は命なき骨のように冷たい。そして両者のあいだの道が意義ぶかい。おそらくウッドヘンジを日の出とともに出発した葬列がエーヴォン川に至り、そこから船に乗り、ストーンヘンジ近くで上陸して、両側に立石が並ぶ参道を西日に向かって進

図3　ウッドヘンジ
(新石器時代～青銅器時代／同心円状の6重柱穴群に立つ円柱は後世の復元)

み、日没のころストーンヘンジに到着したのだろう。

このように推察するのは、類似する構築物群が近くにあり、互いに関連していると考えられるからである。ストーンヘンジの数キロ北方のシルベリー・ヒル（高さ三六メートルの白亜《はくあ》の人工塚）を中心に、北にヨーロッパ最大のアヴェベリーのストーン・サークル、東にサンクチュアリという木の柱の丘、南にウェスト・ケネット・ロング・バローという塚（墓地）がある。それらはシルベリー・ヒルから目視できる距離にあって、弔《とむら》いの儀礼を同時におこなうためにつくられたと考えられる。

ちなみに、スコットランド北端の沖にオークニー諸島があるが、そのリング・オブ・ブロドガルにストーン・サークルがある。現在二七個の立石が現存するが（もと六〇個）、ここに年に一度、周辺の人びとが集まって儀礼をおこなった。

メガリス

ストーンヘンジに類する巨石記念物は、地中海の島々から大西洋の沿岸地域におびただしく残っている。それらは俗に「巨人の墓」「巨人の寝床」「仙女の石」などとよばれているが、一般にはギリシア語の「大きい」という意味のメガスと、「石」という意味のリトスを合してメガリス、つまり巨石記念物と称される。このメガリスには形状、構造、性格の異なるさまざまな種類がある。そこでその主な種類と代表的な遺跡について述べる。

立てられた石

メンヒル。これはブルトン語のメン（石）とヒル（長い）に由来し、細長い自然石を垂直に立てた「立石」。高さは普通一〜六メートルぐらいのものが多いが、フランスのブルターニュ地方のロックペルチューズにあるメンヒルは、今は倒れて四つに割れているが、もとは二〇メートルもあった。

このようなメンヒルに、男性または女性を浮彫したものがあり、一般にメンヒル人像とよばれている。

アリニュマン。多くのメンヒルを直線状に並べたもの。フランスのカルナックでは、総計二七三〇個のメンヒルが、三群にわかれて十数列に立ち並び、三キロにも及ぶ。私は一九五六年にブルターニュ地方を旅して接し、その壮大さに驚いた。列石の幅は約一〇〇メートル、石のなかには高さ四メートルをこえるものがあった。それらが延々と続き、はるか彼方の大西洋に没していた。それは実に荘重な光景であった。

クロムレック。ウェールズの呼称で、メンヒルが環状に並んだもの。ストーン・サークルとか環状列石ともよばれる。先述のストーンヘンジやアヴェベリー、日本では北海道の忍路《おしょろ》や秋田の大湯のものがよく知られている。

横たえられた石

ドルメン。ブルトン語でドルはテーブルの意で、「卓状石」とでも訳せよう。すなわち四個のメンヒルをめぐらして小石室をつくり、その上に一個の大きな平石をのせて蓋をしたもので、その形がテーブルに似ているので、このようによばれる。ドルメンは非常に多く遺存しており、フランスだけでも五〇〇〇基以上ある。大部分は露出しているが、もとは上から土をかぶせたものが多く、フランスのモン・サン・ミッシェルのドルメンは長さ一一五メートル、幅五八メートルの盛り土をしている。

この形式が、ストーンヘンジの「トリリトン」と関連して、「墓道つき石室」となる。これは通路によって墓室に入る構造の石室墓で、いわゆる羨道墳《せんどうふん》である。墓道はふつう墓室よりも天井が低く、また幅もせまい。なお、墓室の天井がアーチ形を呈する墓道つき石室は、とくにトロスとよばれる。トロス形式の建造物の初例は、メソポタミアのアルパチャー遺跡のハラフ期（前四五〇〇年頃）の層から見出される。

4 サルデーニャ島（イタリア）

立体派的なヌラーゲ青銅彫刻

プロローグ

五十数年前、フランスに留学していたとき、日本のある新聞からパリ美術界の動向について執筆依頼があった。画廊めぐりによる印象だけでは主観的すぎるので、参考にしようと思って、『プルーヴ』（「証拠」の意）という美術雑誌を買った。その雑誌（一九五六年一〇月号）に、七か国四八人の若い美術家にたいするアンケート調査が載せられていた。その質問のなかに「世界美術史で最も共感を覚える作家ないし作品をあげよ」という項目があった。レンブラント（六票）を最高点に、旧石器時代美術四票、セザンヌ、ピカソ、デュシャンなど三票のほかに、「ヌラーゲ彫刻」が二票あった。初めて聞く名称なので、調べると、ヌラーゲとは地中海のサルデーニャ島に遺存する特殊な石造建築のことで、そのなかに置かれた青銅彫刻をヌラーゲ彫刻ということがわかった。なお、先述の新聞には「これからの美術」と題して、『プルーヴ』誌のアンケートを引用しながら私見を書いた（『中部日本新聞』一九五六年一一月九日）。

その後、パリからイタリアに旅した私は、ローマの先史博物館で数点のヌラーゲ彫刻を見て、その現代的造形に魅せられた。折しもカイエ・ダール社からC・ゼルヴォス編『サルデーニャの文明』と

いう大部は書物が出て、ヌラーゲ彫刻にたいする私の関心はさらに強まった。そこで私はサルデーニャ島に渡り、この彫刻の大部分を収蔵する、カリアリの国立考古学博物館を訪れ、島の各地に散在するヌラーゲ遺跡を見てまわった。

ヌラーゲの構造とその分布

ヌラーゲは円形のプランの上に、一端の尖った石塊を整然と積み重ね、上部にいくほど細くなる円錐形の塔である（図1・2）。最も小さいものは直径一二メートルほどの単一の塔であるが、二〜六基の塔からなるものもあり、そのプランはさまざまである。なかには高さ二〇メートル以上の塔をもつものもある。

通例、小さな入口が一つあるだけで、それは南を向いている。内部は一〜五階で、円錐形の部屋が上下に重なり、柱は全くない（図1）。一部のヌラーゲは複雑で、複数の塔をせまい通路によって連結したり、壁のなかに隠された階段によって連絡したり、階段のまわりに中庭を設けたりする。その中庭は櫓《やぐら》によって補強された囲いを有し、要塞のような趣きを呈する。

カリアリの北方七〇キロのバルーミニに、ヌラクシと称される多くの塔をもつ大きなヌラーゲがある（図2）。ここではまず中央の高さ一七メートルの塔と三つの部屋がつくられた（前一五〇〇年頃）。その後、この塔のまわりに四つの塔が追加され（前一二〇〇年頃）、それらの塔が互いに壁で連結されて、屋根のない中庭ができた。さらにその後、六つの塔がその外側に建てられ、内側の塔も非常に厚く補強された（前一〇〇〇年頃）。そしてバルーミニにはこのヌラーゲを中心に、村落状をなす約三〇〇の住居跡がある。

中西部では、マコメールに近いローサとサンタ・バルバラのヌラーゲが美しく、その北方にサントゥ・アンティーネのヌラーゲがある。サントゥ・アンティーネのヌラーゲは、三階建で螺旋階段によって七つの部屋が結ばれ、いくつかのテラスから採光している。図1はその内部である。

これらのヌラーゲはサルデーニャ各地に約七〇〇〇も分布するが、カムペダの広い「ヌラーゲの谷」や、ヌオロ山地やサッサリ山地などの山の斜面や、海岸の丘上にあって、独特の表情をみせる。最古のものは前二千年紀の前半にさかのぼり、前一〇〇〇年頃に大発展をとげ、前三世紀にローマに

図1　サントゥ・アンティーネのヌラーゲ内部（前15世紀）

図2　バルーミニのヌラーゲ
（前1500年頃～前6世紀）

征服されるまで続いた。

ヌラーゲの由来と用途

ヌラーゲの由来とその用途については諸説がある。迫持《せりもち》式アーチ天井の建築法には、エーゲ海のトロス式墳墓の方法と共通した点があるので、クレタ・ミュケナイ由来ではないかといわれるが、まだ確定されていない。また用途は、エーゲ文明と同じように、かつては一種の墳墓と考えられたが、内部から人骨が全く見出されず、人骨は他の場所から出土することから、この考えは否定された。そして現在は住居であると考えられている。つまり、小さなヌラーゲには一家族、大きいヌラーゲには数家族が住んだ。サルデーニャ人は羊の牧畜を主としたが、外敵からの攻撃を防ぐために、ヌラーゲは砦としての機能をも果たした。

サルデーニャは前二〇〇〇年頃に地中海東部と交流した。そのことは、独特の抽象的なキクラデス石偶によく似た女性石偶がサルデーニャでつくられたことにあらわれている。目や口がなくて鼻だけをあらわした顔はキクラデス像と同じであるが、下半身は細部があらわされず、したがって女陰の表現はない。そのかわりに乳房がきっぱりあらわされている。正面性を強調した、まるで奴凧《やっこだこ》のような形であるが、これはキクラデス像における組んだ腕の表現を省略し、奴が張った袖の部分に縦長の三角形を穿《うが》って、両腕をあらわしているからである。したがってサルデーニャの石偶には、キクラデス像にはない固有な性格があらわれている。これらの抽象的な女性像は前一七〇〇〜前一五〇〇年の巨石文化期のもので、当時のドルメンがいくつかサルーデーニャに残っている。

29——4　サルデーニャ島(イタリア)　立体派的なヌラーゲ青銅彫刻

また、前八世紀頃にはフェニキア人がサルデーニャに渡来して、カラリス（現在のカリアリ）などの町を築いたり、のちにカルタゴ人もやってくるが、いずれもあまり大きな足跡を残っていない。

クレタ島やシチリア島が古代文化の伝播に大きく寄与したのに比して、サルデーニャ文化の孤立性が際立つ。そのことを端的に示すのが、ヌラーゲ文化がうんだ独特の青銅彫刻群である。

秀抜な造形の青銅彫刻

ヌラーゲは、そのなかに蔵するすばらしい青銅彫刻によって、近年人びとの注目をあびるようになった。先述の『プルーヴ』のアンケートにも登場したゆえんである。それらの多くは人物像や動物像で、単独像も群像もある。いずれもヌラーゲ内の壁に面して、石の上に鉛で固定されていた。新しい彫刻と取りかえられた古い彫像は、ヌラーゲ近くの土中に捨てられることもしばしばであった。

人物像の主題は、弓や楯を持つ戦士、祭司、供物《くもつ》を捧げる庶民、巫女《みこ》、音楽士などである。動物像には牛、鹿、山羊、狐などがある。このほか剣や船などがあり、それらには人物や動物をかたどった付属物がついている。剣は神に捧げられたものらしく、船はランプとして用いられたが、同時に航海の安全を祈願する意味もあったようである。これらの青銅作品のサイズは概して小さく、大体一〇～二五センチである。作品の総数は約五〇〇点である。

ヌラーゲ彫刻は前一千年紀につくられ、最も古いものは前八世紀にさかのぼり、下限は前三世紀頃である。したがってこれらの彫刻は、ギリシアのアルカイック期から古典期をへてヘレニズム期にかけての時代につくられた。ところがその様式は地中海文化の影響をあまり受けておらず、むしろアナトリア彫刻やエトルスク彫刻に類似する、抽象化の著しい様式を示している。

ヌラーゲ彫刻には大別して三つの様式がある。第一は、長方形の頭部や硬直した高い鼻と、円筒形の胴をもつ、立体派的様式である（図3）。このスタイルに属するのは南部のウタから見出されるので、ウタ様式ともよばれる。第二の装飾的様式に属する彫刻は非常に多いが、着物や武器などに地域差がある。そこで次の三つの中心的な地名を冠して、この様式を細分する。セノルビ、パドリア、アビニの三流派である。セノルビ派の人物は扁平な長方形の身体をもち、パドリア派の彫刻には同心円があらわれ、アビニ派は編紐《あみひも》装飾を特色とする。この同心円は巨石文化の名残りである。第三のプリミティヴ派の彫刻は概して小さいものが多く、主として山間に住む人びとによってつくられた。表現が粗野で洗練されていないという理由によって、プリミティヴ派と名づけられたが、その表現はきわ

図3　祭司（高さ39㎝／モンティ・アルコス出土／前1千年紀前半）

めて生気に富んでいる。

これらの彫刻は主題的にも多様である。立体派様式に属するもののなかに、図3のように胸にロレーヌ十字に似た象徴をつけた人物像がある。この象徴はおそらく祭司のしるしだろう。なぜならこの象徴をつけた人物像はいずれも特に入念につくられており、また手に杖を持ち、大きなマントをまとう、威厳にみちた姿であらわされるからである。

明らかに宗教に関係するものに巫女《みこ》の像がある。普通の女性像が簡単な衣服をつけるだけなのに、巫女は大きなマントをまとい、手をひろげて身振りをすることが多い。同じく宗教的な意味があるらしい、二つの楯《たて》を持つ戦士は、四つの目と四本の腕を有する姿であらわされる。この超人的な戦士像のように、ヌラーゲ彫刻には弓矢や楯を持つ人物像がきわめて多い。異民族の侵入に備えたのか、各部族間の反目が強かったのか。

日常生活をモティーフにした作品もかなりある。この種の彫刻は先述の三つの様式のいずれにもあるが、特に優作が多いのは、山間の人びとの素朴な生活感情のあふれている第三様式である。頭に水甕《がめ》をのせる女はその一例で、高く挙げられた両腕と長く伸ばされた身体が印象的で、指先から腕、胸から腰、そして足先へ、身体の線がきわめてリズミカルに流れる。

さらに注目すべきは数々の動物像で、それらは単独にあらわされたり、剣や船形ランプの部分として表現されたりする。鳥、牛、山羊など、著しく抽象化された形式に秀抜な感覚がみなぎり、すぐれた現代彫刻家の手になるもののように新鮮である。

ピエタ像の元祖

ヌラーゲ彫刻のなかに、図4のように、子供を抱く母親をあらわした母子像がある。母子像の最古の作例は、メソポタミアのウル出土の「授乳する蛇頭の母」(紀元前三七〇〇年頃、複数遺存)であるが、その後、オリエント全域で数多くつくられた。最もよく知られているのは、エジプトの、幼児ホルスに授乳するイシス母神である。このモティーフは、やがて成長した息子と母親との関係になり、アビュドスのセティ一世の神殿に、イシスの膝に坐る王が浮彫であらわされている。

このような母子像における息子は、必ずしも生きているとは限らない。なぜなら地母神信仰から発した儀礼に子供の死体埋葬があるからである。成人の死体は焼かれるが、子供の死体は土葬され、したがって子供は母なる大地に帰り、その後ふたたびうまれかわる。

図4　死んだ息子を抱く母(高さ10.2cm／ウルツレイ出土／前8～7世紀)

図4の母子像では、息子は目を閉じて死んでいる。またこの息子は、オリエントの母子像とは異なって、大きくあらわされ、母の乳房を吸わない。したがってこれは一般的な母子像ではなく、「死んだ息子を抱く母神」である。したがってこれはピエタ像の元祖である。

ちなみに、聖母マリアが乳房を露出して聖子キリストに乳を含ませる、いわゆるマリア・ラクタンスの図像は、古代オリエントの、息子に授乳する母親像を起源にしており、壁画や写本画に多くあらわされた。それは初めは東方諸国に多かったが、ロマネスク時代以後は西ヨーロッパに多くなる。

5 ミロ島（ギリシア）

古典的半裸体の擬古作

『ミロのヴィーナス』

源豊宗氏は西洋、中国、日本の美術を象徴するものとして、ヴィーナス、龍、秋草をあげる。すなわち、対象の物体性を理知的、写実的に表現する西洋美術を貫くものは、ヴィーナスに代表される人体であり、超越性を象徴的に表現する中国美術は、龍の畏怖性に通じる理想的な山水画に代表され、時の流れをこよなく愛する日本人は、秋草に託して感覚的、情緒的な気分をあらわすという。

この説はたいへん興味深い。仮にここに天、地、人を頂点とする三角形があり、これら三者のあいだの多様な関係から美術がうまれるとすると、中国美術は「天」に近づき、日本美術は「地」と親和し、西洋美術は「人」に密着する。

このような説に即しつつ、私は高階秀爾氏や山崎正和氏と共に一九八三年九月、『秋草と水――日本美術のモティーフ』（サントリー美術館所蔵品による）という展覧会を企画し、ニューヨークのジャパン・ソサイエティ・ギャラリーで催した。

ヴィーナスといえば、誰しも『ミロのヴィーナス』を連想する（図1）。一八二〇年、エーゲ海のキクラデス諸島のメロス島（現代名ミロスまたはミロ）で、一人の農夫によって偶然発見された、高

図1　『ミロのヴィーナス』
（前2世紀前半）

さ二〇四センチの大理石製の女神像である。発見後、種々のいきさつがあった後、トルコ駐在のフランス大使（E・ドゥ・リヴィエール侯）によって購入され、国王ルイ十八世に献じられ、現在はパリのルーヴル美術館に展示されている。

　発見当初、この像はギリシア古典期の作品であると考えられた。なぜなら上半身が裸で、下半身に衣をまとう、紀元前四世紀の半裸体の形式を示すからである。しかし頭髪や衣にほどこされた技術や様式、S字状によじれた身体の動き――左膝が内側に強く寄せられ、逆に上半身が反対方向にひねられている――などから、前二世紀後半の彫刻であると考えられる。このことは同時に出土した台座断片に刻まれていた銘文にある、ハゲサンドロスという彫刻家が活躍した時代とも重なるが、この台座断片がミロ像のものであるかどうかは不明である。

遠くを見る小さい目、高くきっぱりした鼻梁、抑揚のある小さい唇、そして小さい顎。その端正な顔には一種のあまさがただよう。正面から眺めると、少し左を向いたその顔から、左肩、右腰、左膝、左足先へと視線が螺旋状に流れていく。ミロ島に近いパロス島の白大理石の美しい肌理《きめ》と相まって、この像には原作のみがもつ生命性がある。この像は現在に遺存する等身以上のギリシアのヴィーナス像のうち、頭部まで備わった唯一のオリジナル作品であることも貴重である。

アフロディテの誕生

一九五六年にアテネからクレタ島へ、二〇〇八年にはアレクサンドリアからアテネまで船旅をした。その際、キクラデス諸島を通過し、ミロ島を目撃した。そしてつぎつぎに変化するエーゲ海の色彩階調に打たれた。この美しいエーゲ海の純白の泡のなかからアフロディテ、つまりヴィーナス（ローマ名ウェヌスの英語読み）が誕生する。ギリシア語で泡はアフロスといい、アフロディテとは海の泡からうまれたものの意である。

図2は、そのアフロディテの誕生をあらわした浮彫で、『ルドヴィシの玉座』（前四六〇年頃）の背面にあらわされている。彼女はいま布をひろげる二人の季節の女神ホライによって両側から引き上げられようとしている。斜上方を見上げるアフロディテのきっぱりした横顔、彼女の身体にまといつく濡れた薄衣の震えるような襞《ひだ》と、その下の柔らかい胸。そして右の女神が着るイオニア風の薄い亜麻《あま》製キトンと、左の女神が着るドリス風の厚い毛織ペプロスとの対比の妙。それらはアルカイック風の左右対称の構図と、微妙な襞のリズムや左右から伸ばされたホライの腕の巧みな肉づけなどの的確な

図2　アフロディテの誕生
（ルドヴィシの玉座浮彫／前460年頃）

表現によって、この上なく美しい。

それにしても、アフロディテがうまれたばかりなのに衣を着ているのはおかしい。これは宗教心の篤《あつ》かった当時の人たちが、女神にたいする尊崇の念から裸にするのを憚《はばか》ったのである。

セクシーな姿態と表現

その後、ギリシアはペルシアを破って東方の脅威から脱し、最も輝かしい時代をむかえる。アテナイ（現在名アテネ）では破壊されたアクロポリスが再建され、パルテノン神殿をはじめとする、多くの建築がつくられた（前四三八～四三二年）。ドリス式神殿のパルテノンは、その荘重な形式と美しい比例、それに施された東西両破風《はふ》、フリーズ（装飾帯）、メトープ（フリーズの方形パネル）の浮彫群によって、西洋古典建築の最高傑作とされる。

その東破風に『三女神』が浮彫されている（図3）。破風は中央が高く、両端にいくにしたがって低くなる、横に長い三角形を呈するから、その空間の枠にあわせて、この浮彫も左から右に向かって女神の姿勢が漸次低くなっている。いずれも頭部を欠くが、左からヘスティア、ディオネ、アフロディテである。ヘスティアは炉の女神、ディオネはアフロディテの母である。三女神はみんな薄いイ

図3 『三女神』
（パルテノン東破風／前438～432年）

オニア風キトンを着て、下半身に厚手のマントをまとっている。ヘスティアとディオネは布を掛けた岩の上に腰をおろし、アフロディテは母の膝に肘をつき、脚をのばして寄りかかる。いささかわがままで、セクシーなポーズである。殊に身体にぴったり吸いつく上衣の襞は、小波のように揺れながら、あるいは流れ、あるいは渦を巻き、二つの乳房を危うく隠している。

このアフロディテ像は先述のルドヴィシ像と二十数年の差があるにすぎないが、女神の姿態も表現も著しく官能的になっている。しかし人びとはアフロディテを崇拝の対象として意識したから、このように着衣の姿であらわした。

着衣から片肌脱ぎ、諸《もろ》肌脱ぎへ

このようにアフロディテ像は時代の経過とともに官能性を増していったが、いずれも全身に衣をまとっていた。しかし前五世紀末のアルカメネスまたはカリマコス原作と伝えられるアフロディテ像のレプリカでは、片肌脱いだ姿となる。パイオニオス作のニケ像では、パルテノン東破風の『三女神』において危うく乳房を隠していた衣が、肩からずり落ちて、片方の乳房を露出している。

このように前五世紀末に片肌脱いだアフロディテは、やがて諸肌脱ぎとなって、衣が腰まで落ち、『ミロのヴィーナス』の形式となる。アフロディテの上半身を裸であらわすことは、プラクシテレスによって始められ、女神は人間的になった。そしてこの半裸体の形式は、当時の女性解放にともなう開放的な空気も手伝って、一世を風靡《ふうび》した。

神の座から降りた全裸の女神

一九一三年一二月、リビアのキュレネの郊外に駐屯していたイタリアの兵士たちが、テントに侵入した水を流そうと溝を掘ったところ、大理石製の等身大の女性裸像が出てきた。これが図4のアフロディテ像である。彼女は衣を脱いで、それを傍らのイルカの彫刻に掛け、水浴に行こうとしている。しかしなんという甘美なアフロディテだろう。これはもはや女神ではなく、若鮎のようにピチピチした若い女の肉体そのものである。色と匂いと体温を感じさせる、眩しいばかりの現実的な表現で、官能の喜びが手ばなしで謳歌されている。ローマ時代の模刻で、原作は前一〇〇年頃につくられたと考えられる。

この像について想起するのは、ヘロドトス（紀元前五世紀のギリシアの歴史家）が伝える次のような物語である。エジプト王アマシスはキュレネと友好攻守同盟を結び、キュレネからラディケという

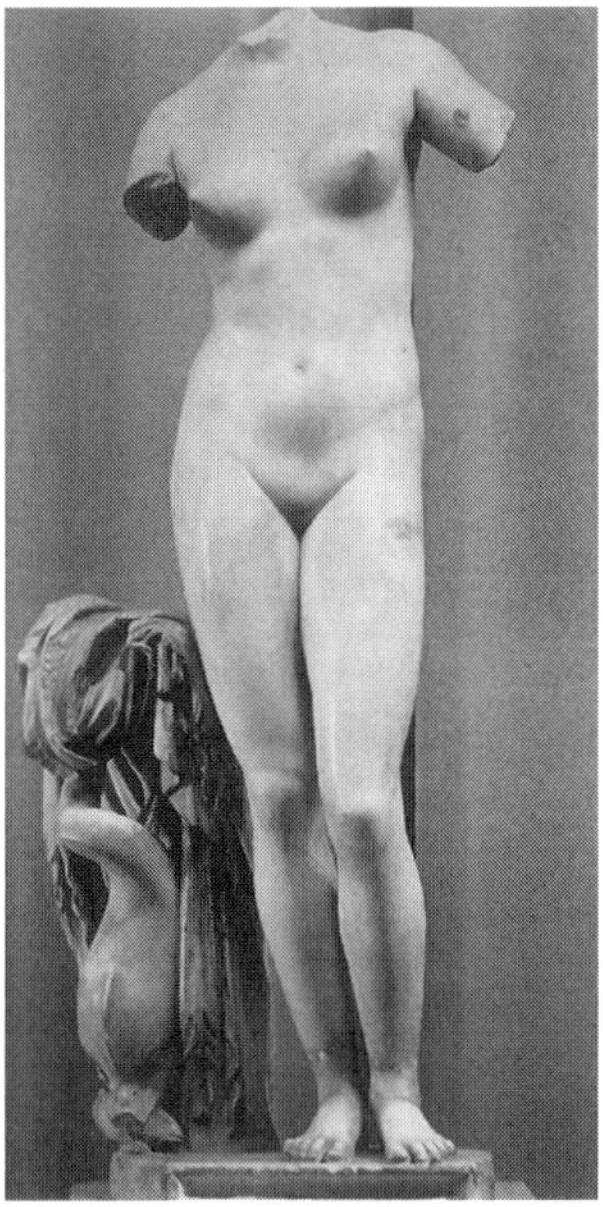

図４　『キュレネのアフロディテ』（ローマ時代模刻／原作は前100年頃）

妃をむかえた。しかし彼は妻と性的に交わることができなかった。そこで「お前は私に呪いをかけた。みじめな死を与える」と妻に申し渡した。ラディケは性愛の神であるアフロディテに祈り、王とうまく交わることができれば、彼女の像をつくって奉納することを誓った。この祈願は成就した。

もとより私は、ラディケが奉納したアフロディテ像がこのキュレネ像であるというのではない。前六世紀のアマシス王とこの像の原作とは年代的に合わないから。ただ、快楽説を唱えたアリスティッポスの故郷から、このように官能的なアフロディテ像が見出されたことに関連して、ラディケとのあいだに因縁めいたものを感じるのである。

このようにヘレニスティック時代には、当時の享楽的な風潮も手伝って、官能的なアフロディテ像が数多くつくられた。それらの注文は、古典期のように神殿からではなく、領主や金持ちから来たから、神像は宗教的な目的から離れて、個人の欲望に応じるようになった。かくして理想美よりも現実美が求められ、リアリズムが盛行するのである。

全裸像によってアフロディテを神の座から世俗的な巷《ちまた》にひきおろした最初の彫刻家はプラクシテレスである。前三五〇年頃、彼は有名な『クニドスのアフロディテ』をつくった。これは彼の愛人であるヘタイラ（娼婦）のフリュネをモデルにしたと伝えられる。このクニドス像の原作は残っていないが、四九体の全身像レプリカが伝えられている。

いわゆる偽ルキアノスの伝えるところによると、あるときクニドスのアフロディテ神殿を訪れた巡礼団のうちのひとりが、この像の美しさに興奮して抱きついたとのこと。この話は、クニドス像が人びとの現実的な欲望に対応するほどの官能性を備えていたことを示している。

不法に国外流出した美術品

ここでとりあげた四点のアフロディテ像は、ローマの国立美術館、パリのルーヴル美術館、ロンドンの大英博物館など、ギリシア以外の美術館に所蔵されている。それらのなかにはギリシアから不法に持ち出された作品が含まれている。たとえば大英博物館にエルギン・マーブルズと称される、先述の『三女神』を含むアクロポリス大理石彫刻群の大コレクションがある。これらは一八〇〇年頃にイギリスの駐トルコ大使であったエルギン卿T・ブルースが、地上および地下から見出された彫刻だけでなく、建物に残っていた彫刻をも剝がしてロンドンに持ち帰り、それらがのちにイギリス政府に買い上げられて、大英博物館に収蔵されたのである。

私はかつて『ヴィーナス以前』（中公新書）を書くため、アフロディテ像とその源流である地母神像を調べるため、ヨーロッパやオリエントの諸美術館を歴訪した。その際、ギリシアだけでなく、古代オリエントの多くの作品が当該国から流出していることを実感した。たとえばルーヴル美術館の厖大なエジプト美術は、ナポレオンがエジプト遠征の戦利品として持ち帰ったものである。

最近、エジプトがギリシアやオリエント諸国に呼びかけ、国外に不法に持ち出された美術品の返還を関係各国に求める国際機関をつくろうとしている所以である。

6 スプリト（クロアティア）
ローマ皇帝の宮殿が市街になった

スプリト市街の成りたち

クロアティア南西部のアドリア海岸にスプリトという都市がある。ローマ皇帝ディオクレティアヌス（在位二八四～三〇五年）の宮殿がそのまま市街になったという、珍しい成りたちをもつ（図1）。

街に近づくと、海岸通りに風変わりな建物が並んでいる。長い壁のように連続する建物群で、一階は商店やカフェ、二階は穴があいた古い石壁である。これらは広大な宮殿をかこむ巨大な外壁（厚さ二メートル、高さ約二〇メートル）を利用した民家なのである。

そもそもスプリトに人びとが住むようになったのは、ローマ帝国が滅亡した後の七世紀である。ローマ時代にはスプリトの北方五キロのサロナ（現代名ソリン）が栄え、現に一万七〇〇〇人収容の大劇場や大浴場の遺跡がある。その後もキリスト教の中心地となり、聖堂、洗礼堂、司教館などが残っている。そして七世紀初めにスラブ人がサロナを侵攻したとき、人びとは堅固な外壁にかこまれたスプリトの宮殿跡に避難して住みつき、宮殿の廃墟の上に建物をたてて街をつくった。

ディオクレティアヌス帝は、このサロナの解放奴隷の子としてうまれた。奴隷といっても、ローマ時代には戦争に負けた国の住民の多くは奴隷にされたから、高い教育をうけた有能な人もいた。彼は

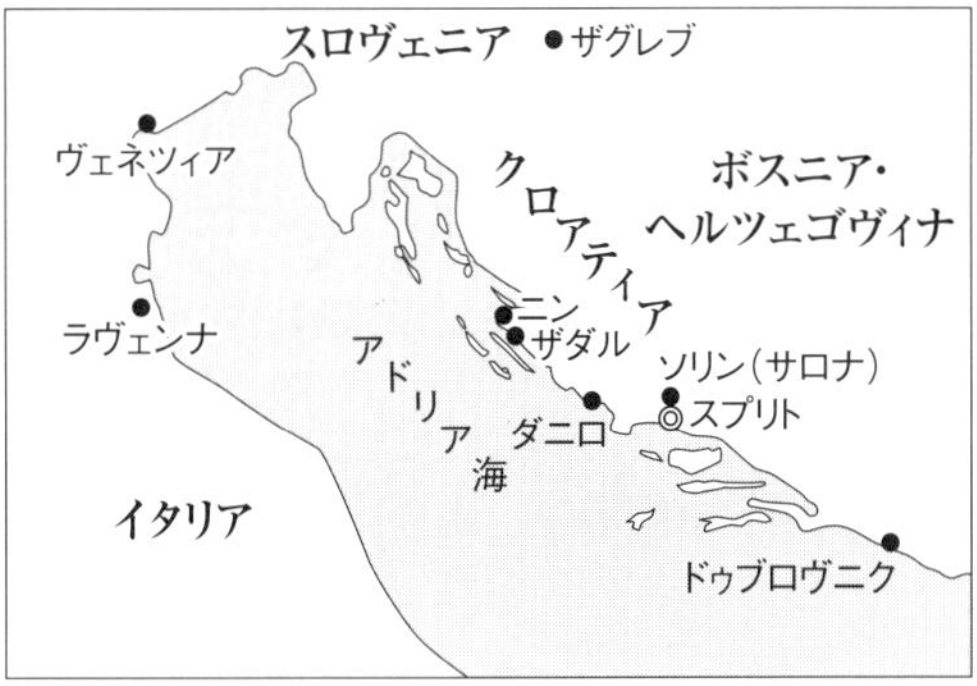

図1　ディオクレティアヌス帝宮殿(復元図)

軍人として頭角をあらわし、ペルシア戦争での功績を買われ、皇帝に擁立された。当時、ローマ帝国は軍人皇帝時代で、軍人が皇帝への登竜門であった。異民族の攻撃などで弱体化していて、軍隊の力が大きかったからである。ディオクレティアヌス帝は広大な領土を一人で統治するのは難しいと考え、自分を含めた二人の正帝と二人の副帝による四分割統治制を始めた。

スプリトの宮殿は彼が余生を送るためにつくったものである。彼は自らの意志で引退した初めてのローマ皇帝である。三〇五年、トルコのニコメディアで退位を宣言したあと、かねて用意していたスプリト宮殿に向かって馬車を走らせたと伝えられる。

なぜ彼は退位後の宮殿を故郷のサロナではなく、スプリトに建設したのか。おそらく静かな隠居暮らしを望んで、当時ダルマツィア州の州都として賑わっていたサロナを避け、さびれた漁村のスプリトを選んだのだろう。

霊廟を大聖堂に、神殿を洗礼堂に

ディオクレティアヌスの宮殿は、東西一八〇メートル、南北二一五メートルで、四隅に塔を備えた厚い壁にかこまれていて、要塞と見紛《みまが》うばかりである（図1）。内部は十字形の道によって四分割され、四つの門があり、道に面して列柱廊が続く。南東区に霊廟、南西区にユピテル神殿がたてられ、北西区には使用人の住居や作業所、北東区には兵舎があった。

ユピテル神殿は、帝が自らをローマ人の最高神ユピテルの地上の体現者と称したことにもとづく。しかし彼による三〇三年のキリスト教徒迫害の仕返しか、九世紀に霊廟は大聖堂に、ユピテル神殿は洗礼堂に転用された。

八角形霊廟（大聖堂）は二四本のコリント式の列柱にかこまれ、入口付近に黒大理石のスフィンクスが置かれている。これはディオクレティアヌス帝がエジプト遠征から持ち帰ったものである。内部は円形で、八本の円柱がドームを支えている。壁面のメダイヨンにはディオクレティアヌス帝とその妃プリスカが浮彫されている。

ユピテル神殿（洗礼堂）は高い半円筒形の天井をもち、十字架の形をした大きな洗礼盤がある。昔は全身洗礼だったので、このように大きい。その側面に十〜十一世紀にこの地方を支配したクロアティア王が浮彫されている。遺品の少ないプレロマネスク様式である。

霊廟とユピテル神殿を除く、宮殿の南半分は皇帝の住居として用いられたが、その地下に広大な空間がひろがっている。建築的に地下室は、地上の建物を支えるために地上階と同じプランとなる。したがって現在は後世の建物がたっていて原型がわからなくなった、宮殿の本来のプランを、地下で見ることができる。この地下室は、中世には倉庫、ワインやオリーブ油づくりなどに利用され、その後はゴミ捨て場となった。現在は歴史博物館として用いられ、また音楽や演劇などのイヴェントに活用されている。

男根の豊穣神プリアポス

宮殿北方の新市街にある考古学博物館に行った。一八二〇年にダルマツィア政府によってつくられ、クロアティアおよび東南ヨーロッパで最古の博物館である。鷲の柱頭をもつ高い円柱および角柱をまわりに配した本館と、その前の庭をかこむ回廊に、豊富な所蔵品が展示されている。そのなかに興味ぶかい作品がいくつかある。

まず、二階陳列室に半裸女性と全裸男性との複合像がある（図2）。これはアエノナ（現代名ニン、スプリトの北西約一七〇キロ）から出土し、一世紀後半の奉納銘文が刻まれている。上半身裸の女性の左足もとに、衣をたくしあげ、勃起する男根を露出する男性をあらわしている。同館の小冊子によると“Venus Anzotica with Priapus”とあるが、Anzotica は Anazotica（ギリシア語の「蘇りの」の意）の誤記である。したがってこの像は「プリアポスを伴う蘇生のヴィーナス」である。

プリアポスはヘレスポントス（現名ダーダルス）海峡のラムプサコス地方の豊穣の神で、生産力を示す男根であらわされ、通例それに醜い男の身体が付加される。彼はディオニュソスとアフロディテまたは土地のニンフとのあいだに生まれたとされるが、異説があり、特にヘレニズム時代になると種々の話がつくられた。しかし共通するのは彼が巨大な男根を有することである。このことはプリアポスの犠牲獣がロバであることにも示されている。なぜならロバは古代では性欲の最も激しい動物と考えられていたから。プリアポス崇拝は、アクレサンドロス大王以後、急速にギリシア世界に、さらにはイタリアに広がり、プリアポスはブドウ園や庭園の守護神となった。

このプリアポスの表現は、ポンペイの売春宿などを装飾する壁画に見出されるが、彫刻的遺作はないと一般に考えられている。私もこれまでヨーロッパ、中近東、北アフリカのほとんどの博物館を訪

図2　プリアポスを伴う蘇生のヴィーナス
（ニン出土／1世紀後半）

れたが、プリアポス彫刻に接したことはなかった。したがってここにとりあげたプリアポス像は、おそらく世界唯一の現存する作例ではないかと思われる。

女性生殖器の神・バウボ

プリアポスに類似する女陰神はバウボである。普通、彼女は衣の裾《すそ》をまくって下半身を露出する姿であらわされるが、時には女性の下半身だけが表現され、その腹が顔に見立てられて、目・鼻・口がつけられる。この種のテラコッタ製バウボは、小アジア西岸のプリエネから出土する。

バウボはデュサウレスの妻で、デメテルがエレウシスに来たとき歓待したが、彼女がスープを飲まなかったので、バウボが衣をまくって女陰を見せたところ、デメテルの連れていた子供のイアッコスが手をうって喜び、デメテルもつられて笑い、スープを飲んだという。このようにバウボは野卑な女の生殖器の神であるが、性器を露出することはもともと宗教的な行為であった。それ故に、各地で古くから両股を大きく拡げて女陰部をあらわにする坐像が多くつくられた。たとえばバビロニア、エジプト、ギリシア、メキシコのほか、ニューギニアのセピク川流域の精霊堂には内外の束柱《つかばしら》に両股を大きく開いた女性坐像が置かれている。

壺を持つ母神の諸相

この博物館に図3右のような、環状の把手《とって》と四本脚をもつ壺がいくつかあった。これらはスプリトの北西約八〇キロのシベリク近くのダニロから出土し、新石器時代のダニロ文化（前四五〇〇〜三九〇〇年）に属する。

スプリトの北西約一三〇キロ、先述のニンの南方にザダルという古い港町がある。この町の考古学博物館は一八三二年の開館で、スプリト博物館についで、クロアティアで二番目に古い。三階だての建物で、内容も充実している。この館に図3左の壺が展示されていた。この壺では図3右の円筒状の脚が跪《ひざまず》く人間の脚になっている。

これらは明らかにフェニキアの地母神であるアスタルテ像（図4）と同じ系列に属し、図3左右の把手のような円環は女性の上半身をあらわしている。図4で興味ぶかいのは、頭の頂《いただき》の穴に注がれ

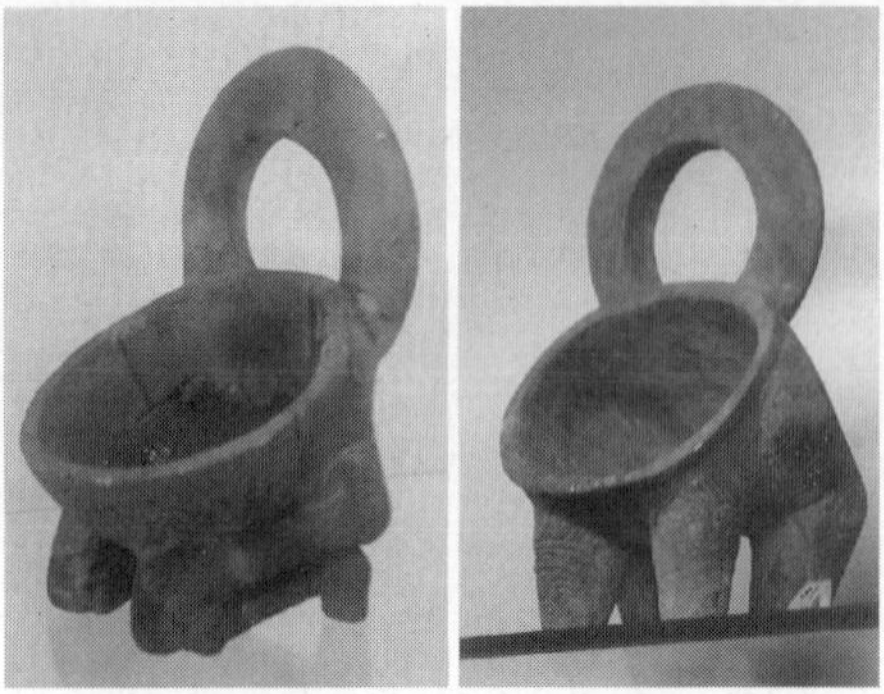

図3　2種の壺（ダニロ出土／新石器時代）

図4　アスタルテ
（前7世紀）

た液体が、二つの乳房の穴を通じて、壺のなかに流れ込むようになっていることである。母が水を飲むと乳に変わるという母体の神秘と豊かな母乳を象徴している。しかもこの像には、母神に随伴してその神性を象徴する、二頭のスフィンクスが侍《はべ》っている。

そもそも壺はそれ自体が女ないし母であり、両者は同一視された。そのことは壺の表面に目鼻や乳房をあらわした、いわゆる人面壺に端的に示されており、トロイアなど広い地域に分布している。そのなかに口があらわされない場合がある。壺＝母はすべてのものを豊富に有するので、食物などを摂取するための口は不必要だったのである。

人口に膾炙《かいしゃ》した「パンドラの箱」はピトス、つまり大きな土製の壺で、パンドラはもともと「一切の賜物を与えられた女」、すなわち地母であり、彼女は大地の五穀と果物の宝庫であるピトスを開くのである。ところがヘシオドス（前七〇〇年頃に活躍したギリシア詩人）では、すべての禍がピトスに閉じこめられているという話に変わる。このピトス（壺）がエラスムス（ルネサンス最大の人文主義者）の誤訳によってピュクシス（箱）になった。

ミトラス教とキリスト教

スプリト博物館にミトラス教のタウロマキア（牛屠《ほふ》り）の浮彫があった。ミトラス神が左膝で牡牛をおさえつけ、右手に持つ短剣によってその心臓を突き刺している。牡牛の擬人神であるミトラスは自らを殺すことによって、再び新たな生命を獲得するわけである。このようにミトラス教は牛を屠《ほふ》ってその血をすすり、死への勝利、来世への希望を実感する儀礼を中心とする。

二～三世紀のローマ帝国の社会的不安定は、宗教に救いを求める人びとをうんだが、数ある宗教のなかで最も優勢だったのは、ミトラス教とキリスト教であった。マルクス・アウレリウス帝などのように、皇帝でさえミトラス教に入信した。ミトラス教は各地にミトラエウム（礼拝所）をつくり、タウロマキアの彫刻や絵画を多く制作した。ミトラス礼拝の最大の祭日は一二月二五日の「不敗太陽神の生誕日」で、冬至をすぎた太陽の復活を祝う。これがキリスト教に取り入れられて、クリスマスとなった。また「日曜日」もミトラス教の祝日から影響をうけている。

ところで、キリスト教に「善き羊飼い」という彫刻がある。羊を肩にかつぎ、前後の脚を両手でつかむ羊飼いの像である。羊飼いは膝までの衣を着て、片肌をぬぎ、吊紐《つりひも》のついた乳しぼりの壺を腰にさげていることが多い。表現様式は全く古代的で、ローマ彫刻となんら異なるところはない。このような羊飼いの丸彫ないし浮彫の像は、東は小アジアから西はイベリア半島までの広い地域で見出されており、カンタコンベ壁画にもある。

これと全く同じ主題と表現が古代異教徒の丸彫像、墓室壁画、石棺などに見出される。つまりこの主題はもともと古代の非キリスト教時代に発達したもので、それが初期キリスト教徒によって利用されたのである。すなわち、福音書に書かれているように、牧童は「善き羊飼い」つまりキリストであり、羊は「迷える小羊」つまり信徒として。しかしこの原型はすでに『旧約聖書』にも見られ、「善き羊飼い」の喩《たと》えが古代社会に広まっていたことを物語る。

スプリト博物館にも、羊をかつぐ「善き羊飼い」を浮彫した二点のキリスト教石棺（ともに四世紀）がある。そのほかに、腹までの短い衣を着て片肌をぬぎ、下半身は裸で、吊紐のついた壺を腰にさげた、頭部を欠く青年と、その足もとに羊がはべる丸彫彫刻がある。この彫刻の制作年代はわからないが、私はその古様な表現から見て、非キリスト教古代に属すると考える。

〝クロアティアのロダン〟

スプリトうまれのイヴァン・メシュトロヴィッチ（一八八三〜一九六二年）という近代彫刻家がいる。クロアティア各地の広場などで彼の野外青銅作品をたくさん見たが、スプリトでも「金の門」近くにグルグール司教像、ブラツァ・ラディッチ広場に十五世紀の文学者マルコ・マルリッチ像などの巨大な青銅彫刻がある。またスプリト郊外に、彼が住居兼アトリエとして建てた個人美術館があり、その中庭に多くの青銅人像がある。彼は〝クロアティアのロダン〟と呼ばれ、尊敬されているが、私はあまり好まない。とくに大作はグロテスクでさえある。

7 サン・ブノワ・シュル・ロワール(フランス)

古代ゴーロワ彫刻の復活

バイクでフランスを行く

一九五六年の九月から一か月あまり、パリを振り出しにスペインのカンタブリア地方まで、ジグザグに三〇〇〇キロのバイク旅行をした。このようなエンジン付自転車を用いたのは、主たる目的が先史時代の洞窟美術遺跡めぐりであり、それらがドルドーニュやピレネの山地にあって、公共交通機関や自動車では行けないからである。国道や県道はもとより、ピレネ山中の村道まで舗装されていて、快適な旅であった。鈍行ゆえに走りながら景色を楽しみ、畑で働く農夫から新鮮な果物を買い、疲れると木陰で昼寝をしたりした。

フランスの約半分を駆けめぐって感じたことは、この国の豊かさである。それは物質的生活の豊かさだけではない。たとえば村ごとにキリスト教聖堂や城があるが、ロワール川以南の聖堂の大半はロマネスク期のものといってよく、また多くの美術博物館がある。先史・古代美術関係の博物館で私が訪れたところだけでも、オルレアン、ディジョン、トゥール、ナント、ル・グラン・プレッシニー、ペリグー、レ・ゼジー、カブルレ、アヴィニョン、ニーム、マルセイユなど十数か所ある。また小さい村では城の一室にその地から出土した文化財を展示している。したがってパリのルーヴル美術館や

図1　踊る裸婦
（ヌヴィ・ヤン・シュリア出土／前1世紀）

サン・ジェルマン・アン・レの国立古代博物館のような大博物館にもない、貴重な考古資料や美術作品を出土地ないしゆかりの地で見ることができる。

ケルト人の聖地と彫刻

その一例にオルレアンの歴史考古博物館のゴーロワ（フランスの古称）美術がある。この町の東南、ロワール川を三五キロさかのぼったところにサン・ブノワ・シュル・ロワールがある。ここはかつてケルト人の聖地で、フローリアークムと呼ばれ、対岸のヌヴィ・ヤン・シュリアにはドルイド僧の中心祭壇があった。そしてその採石場から、奉納品と思われる一群の青銅彫刻が見出され、オルレアンの博物館に展示されている。

それらは各種の動物像や人物像で、おそらく紀元前一世紀のローマ軍の侵攻に際して、ケルト人が急いで土中に埋め隠したのだろう。動物像はエポナ（雌馬）、ケルヌノス（鹿）、アルデュイナ（猪）などの聖獣であり、小人物像は幾分抽象化された形式に触覚的なマッスが脈うち、現代彫刻に通じる新しさがある。図1の「踊る裸婦」は、細長い胴にくらべて腕や脚が太く、かなりデフォルメされているが、踊る女の姿態が的確にとらえられて、律動的である。

ゴーロワ美術伝統の復活

図2の人物頭部は青銅製でなく石製であり、ヌヴィ・ヤン・シュリアではなくエッサロワで発見されたゴーロワ彫刻である。額と頰によって形成されたハート形、頭髪と連続する頰ひげと顎ひげ、アーチ形の眉、直線的な鼻、卵形に縁どられた出張った目、一文字に結んだ抑揚のない口など、きわ

図2　人物頭部
（エッサロワ出土／前1世紀頃）

図3　キリストの頭部（11世紀／サン・ブノワ・シュル・ロワール修道院聖堂）

めて頑健な趣きを示す。

図3の人物像は、サン・ブノワ・シュル・ロワール修道院のサント・マリー聖堂の袖廊の柱頭彫刻で、キリストの上半身をあらわす。十一世紀のものである。このキリストの顔は先述のゴーロワ人頭と酷似している。ケルト人のゴーロワ美術様式は、ローマ支配下および中世になっても墳墓彫刻などに生き続けたが、ロマネスク期になってキリスト教美術として再生し、歴史の表舞台に登場したのである。

ロマネスク聖堂と石造彫刻の再生

十一~十二世紀に西ヨーロッパで栄えた美術はロマネスク(ローマ風)と呼ばれる。この時代初期の建築が多少ともローマ建築と関連があるからだが、もとより古代ローマ的性格だけでロマネスク美術を規定することはできない。しかしその美しい語感のゆえに、十九世紀以降、通称となっている。

メロヴィング朝やカロリング朝の美術は比較的せまい地域に限られていたが、ロマネスク美術はその舞台を西ヨーロッパのほぼ全域にひろげ、ビザンティン文化圏やイスラーム文化圏と対抗しうる規模と内容をもつようになった。そしてその社会を構成する二大組織は封建制度と修道院制度であり、前者によって都市や農村が安定し、後者によって宗教美術が発達した。また巡礼(ローマおよび北スペインのサンティアゴ・デ・コンポステラに向けての)は各地域間の人的・物的交流を活発にし、さらに東方聖地への巡礼は十字軍となって、東西ヨーロッパを結びつけた。

本格的な石造彫刻は西ヨーロッパでは長いあいだつくられなかったが、ロマネスク期に復活した。

その理由は、農耕地がひろがり人口が増えて、大小の聖堂が各地に建立されるにともない、王侯貴族や聖職者のための、貴金属などを用いた豪華な典礼用聖具にかわって、石の彫刻が庶民にたいする聖書の絵解きの役割を演じるようになったからである。かくして「天地創造」から「最後の審判」までの「世界の鏡」が、聖堂のタンパン（入口上部の半円形壁面）、軒蛇腹《のきじやばら》、内部の柱頭などに彫られた。

サン・ブノワ・シュル・ロワール修道院は、修道会の父といわれる聖ベネディクトゥスの遺骸をイタリアのモンテ・カッシーノから受け入れて、七世紀に創建された。したがってベネディクト派修道会の最も重要なもののひとつに数えられた。このベネディクト派は美術に積極的な意味を認めたので、絵画、彫刻、工芸、建築の発展に大きく寄与した。

この修道院付属の、現存するサント・マリー聖堂の三廊式バシリカは十二世紀から十三世紀にかけての初期ゴシック様式であるが、内陣、袖廊、ナルテクスは十一世紀末につくられた。大勢の巡礼たちの便を考慮した、放射状祭室つき周歩廊をもつ壮大な内陣は、ロマネスク聖堂の内陣のなかで最も美しいといわれている。また、ロワール川中流域は良質な石灰岩にめぐまれているので、ロマネスク初期から聖堂の壁面や柱頭を人物や動物の浮彫で装飾した。その一例が先に示した柱頭浮彫のキリスト像である（図３）。

ジェルミニー・デ・プレ小聖堂

フランス中世美術史研究では、これまで土着の美術伝統はほとんど顧みられなかった。すなわちイタリアの初期キリスト教美術の展開とか、ビザンティン美術の影響とかのような、外国の美術に即してフランス中世美術が論じられ、その源流および底流であるゴーロワ美術伝統は無視されてきた。そのような態度が誤っていることを、先に実例について示した。ちなみに、フランスにおいて妖術をおこなったことを理由とする死刑が姿を消すのは一七三一年以後であるが、この妖術師の中核は古代のケルト人の信仰を司《つかさど》ったドルイドの末裔である。

もとより私は中世フランス美術に及ぼしたイタリア美術やビザンティン美術の影響を否定するのではない。たとえばサン・ブノワ・シュル・ノワール修道院長のテオドゥルフが在職時に建てた私的な祈禱堂が、西方五キロのジェルミニー・デ・プレという小村にある。カロリング朝の代表的遺構で、現在は身廊が西に細長く張り出しているが、もとは方形のプランの四方に半円形の祭室を張り出し、方形プランの上は十字形に仕切られていた。すなわちビザンティン建築のギリシア十字式聖堂である。装飾もビザンティンで多用されたモザイクで、東祭室のモザイクは、イタリアのラヴェンナ（ビザンティン帝国の主要都市）の六世紀のモザイクを再使用したといわれる。なお、カルロス大帝がアーヘンの宮廷聖堂をモザイクで飾らせたことは有名であるが、この小聖堂のモザイクは、この時代のイタリア以外のところにある唯一の遺作である。

8 ベルゲン（ノルウェー）

ハンザ同盟時代の美しい街並み

干鱈《ひたら》の交易で栄えた港町

一二四七年、ノルウェーの国王ホーコン四世がベルゲンで戴冠式をあげたとき、列席したローマの枢機卿が「これほど多くの船が集まったのを見たことがない」と驚いた。また、十二世紀のデンマーク商人は「ここには世界中から無数の船と人が集まってくる。ワイン、小麦、贅沢な衣服に銀……」と感嘆した。

ノルウェー南西部、ノルウェー海に面するベルゲンは、その地理的位置と港湾に好適な地形のゆえに、古くからイギリスやドイツと密接な関係をもつ交易都市であった。一〇七〇年には国王オーラフ三世から特許状が下り、通商、貿易の中心地として北欧最大の都市に発展した。一二〇〇年頃には大聖堂、国王のための礼拝堂、八つの教区聖堂、三つの修道院があった。そして十二〜十三世紀にノルウェーの首都となった。

ベルゲンの海上交易を握ったのは、のちにハンザ同盟の中心となるリューベック（ドイツ）の商人たちである。十二〜十三世紀、かれらはベルゲンを拠点に干鱈《ひたら》を買ってヨーロッパ大陸に運んで売る一方、穀物や塩をノルウェーに供給した。干鱈は、肉や肉製品の食用を禁じたキリスト教の小斎日《しょうさいび》

（金曜日など）に不可欠の食料で、多くの需要があった。十四世紀中頃、ベルゲンがハンザ同盟に参加すると、ドイツ人居留地がつくられ、「ティスクブリッゲン」（ドイツ埠頭）と呼ばれた。

ハンザ同盟時代の家屋と街並み

一九九七年八月、私はオスロからバスで多くのトンネルやフィヨルドを経て、ベルゲンに来た。ティスクブリッゲンは現在では単にブリッゲンと称されているが、この地区には黄、赤、白などのカラフルな壁をもつ、瀟洒《しょうしゃ》な切妻屋根の木造建築群が立ち並ぶ（図1）。多くは三階建てで、住居および事務所として用いられ、切妻に荷物をロープで上げ下ろしするための滑車がとりつけられている。これらの家屋は隣家と隙間なく接し、さらに海岸線の家屋の奥に何重にも連なっている。

現在の家屋はもとより建設当初のものではなく、十回以上の火災に焼失したあと、その都度《つど》修復ないし再建されてきた。第二次大戦後でも一九五五年と五八年の火災で建物の半数以上が被害をうけた。その際おこなわれた綿密な発掘調査によって、火災のたびごとに瓦礫《がれき》をならして海を埋め立て、その上に木造家屋を建て増したことが判明した。ブリッゲン博物館の展示によると、当初の海岸線は現在よりも内陸に七〇～一〇〇メートル入り込んでいた。

また、建物内部については、一七〇二年建立の木造家屋を利用したハンザ博物館によって知ることができる。そこにはハンザ同盟時代の船、執務机と什器《じゅうき》、取引記録、ルーン文字（ゲルマン人の古文字）の荷札、毛皮、干鱈などが展示されている。興味深いのは、寝床が番頭には夏用と冬用があるのに、小僧たちには一つしかないこと。なお、このような木造家屋群のほかに、石造の四階建ての倉庫群が残っている（図1の右）。

ところで、わが国では「ハンザ同盟」という語が用いられているが、〝同盟〟という呼称は不適当である。なぜなら同盟条約が結ばれたわけでなく、いわば自然発生的に成立し、参加都市の自発的意

図1　ブリッゲン地区の建築群（3階建ての木造家屋と4階建ての石造倉庫／ベルゲン）

志によって維持されたからである。〝ハンザ〟も固有名詞ではなく、団体ないしギルドを指す普通名詞である。したがって多くのハンザがあったが、ここでいうハンザが規模が大きく存続期間も長かったので、いつの間にか固有名詞化したわけである。

バイキング料理と燃える酒

ブリッゲンの海鮮料理レストランで夕食をとった。ニシン、サケ、イワシ、エビ、カニ、マス、クジラなど、テーブルに並べられた料理は三〇種以上。いわゆるバイキング料理である。この形式は十六世紀以来、スウェーデンでおこなわれてきた。

しかし料理をすべてテーブルに並べて皆で取りわける風習が成立したのは十九世紀で、スメルゴスボード（スメルゴスはバターつきパン、転じてオープン・サンドイッチの意。ボードはテーブルの意）というパーティ料理に由来する。このスメルゴスはゆでたエビやスモークサーモンのサンドイッチとして、魚市場や屋台など、どこでも売っている。またこの料理のなかにクジラがあるのは、ノルウェーがわが国と並ぶ捕鯨国だからである。

これらの料理と相性のいい酒がアクアビット（ジャガイモなどの蒸留酒）で、とくにニシンや小エビの冷たい料理の味をひきたてる。この酒を冷やして小さいグラスに注ぎ、土地の人たちと「スコール（乾盃）！」の声にあわせて一気に飲み干した。アルコール度は四五度前後で「燃える酒」の異名がある。

「月柱」とムンク

ブリッゲンの少しの南のケーブルカー乗場からフロイエン山に登った。三二〇メートルの山頂まで約八分。眺望は絶佳で、真下にベルゲンの街並み、その彼方にフィヨルドがひろがる。

やがて白夜の月が出て、「月柱」という、E・ムンクが偏愛した北欧独特の月影が海の上にあらわれた。彼の代表作『生命のダンス』（一八九九〜一九〇〇年）は、夜の海の月柱をバックに、海辺で夏至祭のダンスに興じる男女が描かれている（図2）。

この絵は女の生涯の諸相をダンスに託して象徴している。左端の少女は愛の花を摘もうとしている

図2　E・ムンク『生命のダンス』(1899〜1900年)

処女で、その右方の男女は無邪気に軽快に踊る。やがて性的欲望の発動を暗示する月柱があらわれ、少女は突然ひとりになる（古代エジプトの、生命を意味する象形文字♀は男女の合体をあらわし、月柱の元型である）。彼女は中央で踊るカップルに気づき嫉妬するが、その感情の変化はドレスの水玉模様の黄色から赤色への変化によって示される。そして画面の右方では彼女の転落の様子が描かれる。複数の男たちに翻弄されたり、暴力的に抱かれたりしたあと、彼女は捨てられ、右端にたたずむ孤独な女となる。

フィヨルドを行く

ベルゲンはフィヨルド観光の基地である。白夜のフロイエン山上から眺めたソグネフィヨルドへ行くため、ベルゲンからバスでヴォスを経てフロムへ行った。途中、曲りくねったネーロイ渓谷を通ったが、その谷を峠から見ると、まさしく絶景であった。

ソグネフィヨルドは世界一長く、深い。長さは二〇四キロ、最も深いところは一三〇〇メートルもある。このフィヨルドはベルゲン北方で大地を裂くように内陸に延び、先に行くほど、何本もの細いフィヨルドに枝分かれしている。その先端部分のアウランフィヨルドとナールオイフィヨルドをフロムからグドヴァンゲンまで遊覧船で行った。千メートルを超える山々にかこまれたフィヨルドを船はゆっくり進むが、最も狭いところは幅二五〇メートルぐらい。外海から離れているのと河水などが注ぎ込んでいるので塩分が薄く、風に吹かれても塩の匂いはほとんどない。時折、雪解け水が長い滝となって落下しているが、このことから分かるように、フィヨルドは氷河の産物である。

氷河時代のスカンディナヴィアは厚さ千メートル以上の氷河に覆われていた。氷河はその名の通り氷の川であり、流れている。氷河は動きながら、その重みで河床を削りつつ海に押し出されていき、深く垂直に切り立った谷をつくった。そして約一万年前に氷河期が終わると、掘り下げられた谷に海水が入り込み、現在のようなフィヨルドが形成された。

木造のスターヴキルケ

グドヴァンゲンで昼食の後、少し北方のホッペルストド聖堂を訪れた（図3）。絵のように美しい山峡の小村のスターヴキルケである。スターヴキルケとはスカンディナヴィアで十二～十三世紀に建てられた木骨板壁造のキリスト教聖堂を指す。この呼称は十六世紀に始まり、スターヴは隅柱《すみばしら》を意

図3　ホッペルストド聖堂（1150年頃）

味した。土台・柱・梁《はり》・桁《けた》で構成される箱形の骨組によって、急勾配の板葺《いたぶき》屋根と、骨組の柱列の約一メートル外側につくられた厚い竪板張りの外壁を支持する。ホッペルトストド聖堂はバシリカ式で、身廊の四周に下屋形式の狭い側廊をめぐらし、その外側に吹き放しの低い列柱廊を設けているので、全体として高い段状ピラミッドのような外観を呈する（図3）。また扉口などにレース状の精巧な彫刻がほどこされている。建設時期は十二世紀中頃である。

スターヴキルケはベルゲンの東郊外のファントフトにもある。しかしもとの聖堂は火事で焼失したので、現在の建物は、祭壇の十字架と入口の門を除き、すべて最近建てかえられたものである。

十二〜十三世紀につくられたスターヴキルケの多くは、十三世紀以降、石造に改築されたため、ノルウェーに三十一棟現存するほかは、スウェーデンとイギリスに各一棟のこるにすぎない。その意味で木骨板壁造の聖堂は、キリスト教のみならず、世界の宗教建築史にとってきわめて貴重である。

Ⅱ　アジア

1　モヘンジョ＝ダロ（パキスタン）

忽然と滅びた古代都市

ホーリー祭に見られる三つの特徴

ここではインダス文明（前二五〇〇〜一七〇〇年）を代表する都市遺跡のモヘンジョ＝ダロをとりあげるが、はじめにD・D・コーサンビー説を紹介したい。彼はその著『古代インドの文化と文明』で、インドのよく知られた宗教儀礼のなかに、先史時代までさかのぼることのできる祭りがあるとして、次のようにのべる。

「ホーリーという春の祭りは、淫らな、現在ではむしろ堕落した馬鹿騒ぎであるが、その中心的な特徴は野火のまわりを踊ることである。この踊りに続いて、若干の選ばれた者が燃えさしの薪の上を火渡りし、次の日にはつねに大声で叫ぶ大衆の淫行があり、人里はなれたところで売春がおこなわれ、乱交もあった。（中略）このホーリー儀式はもとは女（女装した男を含む）だけでおこなわれたが、後に男にとって代わられた。同様に、地母神に捧げられた森のことがバラモンの神話や伝説のなかにのべられている。この森は道からはずれた村に現在も残っている。しかし今では女がそこに入るのは禁じられている。もとは男の入ることが禁じられていたのであるが、母系社会から父系社会に変わったので、祭司職もそれに応じて変化したのである」

この記述から三つの事項、すなわち儀礼的売春、母系社会から父系社会への移行にともなう女性観の変化、そして森ないし植物と地母神との関係をとりあげ、モヘンジョ＝ダロに即して考察しよう。

地母神アプサラス

モヘンジョ＝ダロはほぼ一・六キロ四方の市域の西方に城塞部、東方に市街地がひろがっている。遺跡は整然とした都市計画を示し、幅約八メートルの大路が都市を東西・南北につらぬき、さらに中路や小路によって碁盤目に細分され、これらの道路沿いに下水溝が通じ、各所に大小の井戸がある（図1）。建物は同一規格の焼成煉瓦を用い、また同じ度量衡と象形文字を使用した。

城塞部のほぼ中央、露天の中庭のまわりに多くの部屋のある建物がある。中庭に長さ一二メートル、幅七メートル、深さ二・四メートルの煉瓦づくり、アスファルト防水の水槽がつくられ、両側から階段で入るようになっている（図2）。これは明らかに大浴場であるが、まわりに付設された多くの部屋に浴室と井戸があることから、疑いもなく、ある特別の祭儀のためのものであった。

その祭儀は、初期のサンスクリット文献に出てくるプシュカラ（蓮池）と関連するもので、繁殖を祈願する原初的な儀礼であった。すなわち、この蓮池はアプサラスと称される女神が出入りするところで、そのアプサラスはすばらしい美女で、歌や踊りが巧みで、男をセックスに誘ったといわれる。

古代インドの王朝の幾つかは、アプサラスと英雄との交わりから、その祖先がうまれたとされる。以上のことは、アプサラスが結婚しなかったこととも関連して、モヘンジョ＝ダロの大浴場に付設された多くの部屋の用途を暗示する。すなわち、この部屋で地母神にかわってアプサラスたちが聖なる売春をおこなったのである。

古代オリエントのイシュタル女神やアスタルテ女神などと同じく、アプサラスは母権社会を象徴する娼婦であり、地母神であった。この種の売春はバビロンのイシュタル神殿におけるように広くおこなわれ（八四〜九一頁の「バビロン」参照）、地中海地域ではグノーシス派と結びついて古代末期ま

図1　大きな井戸(前2000年頃)

図2　大浴場(前2000年頃)

で存続した。かかる儀礼化された性行為はインドではタントラ派のシャクティ崇拝に受けつがれる。

このことは、モヘンジョ＝ダロからテラコッタ製の地母神像が多く出土することによって確かめられる（図3）。これらの地母神は、爬虫類《はちゅう》を思わせる顔と、複雑な髪容や髪飾りと、大きな乳房が特徴で、首飾り、瓔珞《ようらく》（珠玉《しゅぎょく》や貴金属に糸を通して作った装身具）、腰帯などをつける。髪容は扇形に整えられることが多いが、ときには図3のように頭の両側に碗状の装飾をつける。俗にパニエ（馬やラクダなどの背の両側に掛けわたす籠《かご》）形と称される、これらの碗状のものは、香料を入れたり、ランプとして用いられたと考えられている。女神像はいずれもサイズが小さく、一〇センチ内外のものが多いが、このことは、実際の儀礼においては女神にかわって勤めを果たすアプサラスがいたので、大きくつくる必要がなかったと思われる。

図3　地母神（前2500年頃）

植物と豊饒神

コーサーンビーは先述のように森ないし植物と地母神との関係にふれているが、インドの神話において最も普遍的な生殖の象徴は樹木である。仏陀の誕生も樹と結びつけられているが、このような母なる樹木の観念の原型は、樹木のニンフであるヤクシーに認めることができる。

樹木がもつ豊饒の観念はインダス文明にあらわれていて、モヘンジョ＝ダロやハラッパーで、神聖なイチジクの樹のそばに立つ裸のヤクシー的女神が表現された。イチジクと裸の地母神が結合する図像は全オリエントに共通するイメージであるが、ときどき裸体の女神が囲いのなかの聖なるイチジクの間から出現することがある。イチジクの白い樹液は母乳を象徴し、したがって地母神と結びつくわけである。

インダス文明滅亡の諸説

インダス文明は、東はインドのデリー付近、西はアラビア海沿岸のイラン国境付近、南はナルマダー河口付近、北はシムラ丘陵南端におよぶ。約三〇〇の大小の遺跡が見出されているが、そのなかの最大の都市がモヘンジョ＝ダロとハラッパーである。この文明の基礎は、夏のモンスーン後に起こるインダス水系の氾濫に依存した、氾濫農耕による小麦生産であった。その点、同じく河川に依存しつつも灌漑農耕にもとづいたメソポタミアのシュメール文明などとは異なっている。

では、このように繁栄したインダス文明がなぜ滅亡したのか。とくにモヘンジョ＝ダロのような大都市がなぜ急に滅びたのか。大浴場跡に立って広大な遺跡を眺めつつ、私の疑問は募る一方であった。

まず、アーリア人によって征服されたという説がある。バラモン教の聖典『ヴェーダ』に、武勇にすぐれた英雄神インドラが、色が黒く鼻の低い先住民であるダーサを征服した話が書かれている。したがってインダス文明はアーリア人に滅ぼされたのであり、その証拠に、モヘンジョ＝ダロに虐殺を示す人骨が見出されると、R・E・M・ウィーラーはいう。しかしアーリア人のインド亜大陸侵入は前一五〇〇年頃であるが、それ以前にインダス文明は衰えていた。また、アーリア人は先住民の文化を破壊するどころか、先住民と共存しつつ、農耕や製陶法を学んだ形跡がある。したがって他民族による征服説は否定される。

つぎに降雨量の減少によるという説がある。大西洋を北上してくる低気圧が東にまがり、北アフリカからインドまで雨を降らせていたが、その大西洋低気圧が方向を少し変えたため、パキスタンやインドに到達しなくなったというもの。この気候変化は事実であって、西はサハラから、エジプト、シリア、メソポタミア、イランをへて、東はインドまで、前二千年紀の前半までは降雨量が多く、各種の文明が栄えた。北緯三〇度を中心とするこの地域を、私はアフラシア文明帯と名づけている。

これに関連して洪水説がある。モヘンジョ＝ダロはしばしば洪水に見舞われた。しかしそれは田畑や家を押し流すような洪水ではなく、川の水が次第にあふれる溢水《いっすい》であり、むしろそれが運んでくる泥土によって農耕が成りたっていたのである。

インダス川が水路を変え、都市が港としての機能を失ったから衰退したという説もある。事実、モヘンジョ＝ダロは現在はインダス川から五キロも離れている。

塩害説がある。土地が塩化して耕作ができなくなったというもの。現にモヘンジョ＝ダロ遺跡の上部が塩で白くなっている。

しかし、インダス文明衰亡の最大の要因として、煉瓦を焼くために樹木を濫伐したことがあげられる。インダス諸都市は焼成煉瓦によってつくられたが、このことは燃料としての木材が豊富にあったことを証する。ところが無計画な樹木濫伐のため、地味がやせ、環境が変化し、また湿気が大地から蒸発して、降雨量の減少を招いた。このことは諸遺跡から多く出土する石製印章にあらわされる動物種からも実証される。すなわち、虎、水牛、犀、象などの湿地帯にすむ動物が多いの反し、ラクダやサソリなどの乾燥地帯の動物が稀であることは、かつてインダス流域が湿潤で樹木が繁茂していたことを物語っている。

2 三星堆(中国)
歴史を覆す王像(?)の発見

遺跡の発見と厖大な出土文物

一九九〇年一〇月、中国の景徳鎮における国際陶瓷節に招かれた。盛り沢山のイヴェントがおこなわれ、劉新園さんが御器廠跡から発見した、成化年間(一四六五~八七年)の真脱胎(紙のように薄く、胎がないように見える磁器)の白磁暗花龍文杯に接するなど、大きな収穫があった。

そのあとすぐ、上海を経て北京へ飛んだ。故宮博物院で「中国文物精華展」が開かれ、そのなかに四川省広漢市三星堆《さんせいたい》で一九八六年に発見された文物が一〇点ほど含まれていることを知ったからである。会場には、青銅製の幅一三七センチの大型人面(図1)、高さ二六二センチの人物立像(図2)、高さ三八四センチの巨大神樹、金製の仮面や杖などが展示されていた。いずれも殷《いん》(商)代(紀元前十四~前十一世紀)のものである。

三星堆遺跡は散発的な文物発見のあと、一九八〇年から本格的発掘がおこなわれ、墓、灰坑(貯蔵庫)、住居跡などが発見され、約四〇〇〇点の文物が見出された。そして八六年の七月から八月にかけて相ついで二つの祭祀坑が発見され、一〇〇〇点あまりの文物が出土した。すなわち、金製の仮面や杖、青銅製の人面・人物像・人頭、玉石器、土器、象牙細工などである。

目が大きく突出した王像（？）

三星堆出土の青銅彫刻はいずれも大きい。高さ二六二センチもの大型人物立像（図２）は世界最古であり、また人物を象《かたど》ったものが多くて容器類が補足的であるのも、古代中国では珍しい。私がとくに驚いたのは大型人面（図１）で、両眼が蟹の目のように瞼《まぶた》から一三・五センチも突出し、さらに動物のような長い耳と幅広い口をもっている。

この突出した目について、「眼光の鋭さを表現した」とか、「この地方は霧雨が多いから、その霧も見通して、もっと遠くを見ることができるようにと願って、目を強調した」とかいわれる。『蜀王《しょくおう》本紀』（前漢時代）に「古蜀の初代王は蚕叢《さんそう》という名の縦目の人である」という記述がある。

図１　大型人面
（青銅／高さ 65cm ／幅 137cm ／商時代）

この縦目とは、を縦にした（目）ではなく（臣）形に突出していることである。したがって三星堆出土の巨大人面は『蜀王本紀』の記述を正確にあらわし、王と関連するのかも知れない。

このような造形は他に類例がなく、その意味で中国彫刻史を書きかえるほどの重要性を有する。三星堆にはほかにもきわめてユニークな造形を示す作例がある。

特異な造形の人物像

その一つは背の高い青銅人物立像である（図２）。その顔は、太い眉、稜線をもつアーモンド形の大きな目、三角形にとがった鼻、角張った顎《あご》、横長の大きい口、雷文をあらわした耳などがきっぱりあらわされている。このような特異な顔の上に獣面の冠《かんむり》をのせ、三層の台座（中層は上下を逆にした四つの饕餮《とうてつ》文の組みあわせ）の上に立つが、饕餮文は殷・周青銅器に頻出する文様である。身体に

図２　人物立像
（青銅／高さ262cm／商時代）

は龍文で飾られた長い衣服を着る。

　では、この人物は何者なのか。中国の学者たちは祭祀を執行する巫師《ふし》の長であろうという。しかし台座の饕餮文が逆さまになって、邪鬼のように踏みつけられていることや、特異な冠をかぶることから、高貴な人のように思われる。また、この人物像とともに出土した青銅製の巨大神樹や黄金の杖に、嘴《くちばし》の長い水鳥が九羽ないし四羽あらわされ（図3）、さらに黄金の杖には四尾の魚が表現されている。古蜀の二代目の王は柏灌《はつかん》といって川鵜《かわう》を指し、三代目王の魚鳧《ぎょふ》の鳧は水鳥の名称であるから、神樹や杖は王と関係すると思われる。

　したがって青銅人物立像も蜀王あるいはそれに近い権力者なのかも知れない。それに関連して、同じ坑から出土した複数の金製仮面が、同時に見出された青銅人頭にぴったり合うという事実もある。この青銅人頭は数十体も出土し、どの顔も先述の人物立像の顔と同じ造形なので、おそらく王侯貴族

図3　巨大神樹にとまる水鳥
（青銅／商時代）

をあらわすのだろう。

なお、図2の青銅人物立像には独特の表現がある。襟の打ち合わせが左衽《さじん》であり、特異な獣面のある冠を高々とかぶる。「被髪左衽」は夷狄《いてき》すなわち蛮族の服装で、被髪はざんばら髪のこと、左衽は衣服を左前に着ることである。また『礼記』には「冠なるもの、これ礼の初めなり」とある。とすると、冠をつけた左衽の人というのは、いかなる人物なのか。

古蜀文化

殷の青銅文化は河南省、つまり黄河の中流地域を中心に発達し、それが周に伝わり、各地にひろまったと考えられている。ところがこの青銅人物立像は黄河中流から遠く離れた四川省で発見され、しかも黄河中原文化の開始とほぼ同時期に属している。そうすると、この像の発見は蜀（四川）文化の歴史を千数百年もさかのぼらせたことになる。そしてこの像の造形、左衽、特異な冠などが、中原文化に背を向けていることから、明らかに古蜀文化は殷・周文化とは別の独自な文化圏を形成したことがわかる。蜀は初代王が蚕叢《さんそう》と呼ばれたように、古くから絹の産地として知られており、蜀の文字そのものが蚕を形象化したとされるが、この人物立像の衣服がかなり薄く、絹製らしいことも重要である。

近時、長江流域の各地で古代文明遺跡が次々に発見されているが、三星堆遺跡もその一つである。しかもかつては長江の源は岷江《びんこう》（みんこうとも読む）と考えられていて、三星堆はその岷江流域にあり、遺跡の総面積は約一二平方キロにおよぶ。三星堆だけでなく、成都市郊外の金沙で、二〇〇一年に青銅人物像、黄金仮面、青銅器、玉石器、象牙細工など約一〇〇〇点の文物が出土した。そのなかに王冠と推測される金製の帯が見出され、それには三星堆の金杖に施されたのと酷似する文様があった。したがって両遺跡は古蜀国の最高統治者の祭祀に関連すると思われる。

古蜀国のルーツと急な消滅

では、三星堆文化のにない手は誰か。遺跡から遺骸が見出されていないので、当時の人たちがどのような骨格と容貌であったかはわからない。しかしこの地方をルーツとする川劇において、役者たちは目尻をしぼって吊り上げ、頭に巻いた布で固定し、濃厚な隈《くま》取りなどの化粧をほどこす。その相好は三星堆の青銅人頭に酷似している。また岷江上流のチャン族の祈祷師やイ族の松明《たいまつ》祭の女王も、顔に三星堆人物風の化粧をほどこす。チャン族やイ族は現在も川鵜によって魚をとるが、これは先述の柏灌《はっかん》王や魚鳧《ぎょふ》王を連想させる。したがって中国人学者の多くは蜀人の祖先はチャン族であると考えている。

それにしても三星堆などの古蜀文明がなぜ急に消滅し、祭祀坑から王にまつわる文物が焼かれた状態で出土するのか。おそらく王朝が変わったとき、人びとの信仰の対象であった物品とともに王像も土中に埋められたのだろう。『蜀王本紀』や『華陽国志』（東晋時代）は、第三代の魚鳧王と次の杜宇《とう》王との関係について、外来の後者が土着の前者を倒して、蜀国の新支配者になったことを伝えている。

3 バビロン（イラク）
イシュタル門、空中庭園、バベルの塔

イシュタル門とムシュフシュ

一九七三年八月から一一月まで、バグダードの南約一〇〇キロのカルバラに滞在した。約一〇キロ西方のアル・タール洞窟遺跡を発掘調査するためである。毎日、四輪駆動車で遺跡へかよったが、ある日、私が運転していて、深い砂に左車輪がとられ、横転した。同乗していたイラク考古局の職員の腕から血がほとばしっている。砂漠に道はないので（どこでも道ということ）、近くをはしる対向車を呼びとめて、病院に運んでもらった。

このアル・タールとは逆の、カルバラの東方約四〇キロに、「バベルの塔」で知られるバビロン遺跡がある。発掘作業が休みの日、時折、バビロンを訪れた。遺跡はヒルラーという町の北方にあり、このあたりはユーフラテス川に沿ってナツメヤシが茂り、また川から水をひいて運河がつくられ、緑の多い景観である。

ヒルラーから北上して、ユーフラテス川東岸にいたると、新バビロニア王国の壮大な都城跡、バビロンがある。遺跡は内外二重の周壁によって方形にかこまれ、その中央をユーフラテス川が流れ、内壁にそって運河がある。東側の旧市街の北方に城砦と王宮があり、その東に八つの内周壁門の一つで

図1　イシュタル門
（前6世紀前半）

正門のイシュタル門がたつ。内周壁が二重なので、イシュタル門も二重である。現地で見られるのは復元された下部だけで、その上には図1のような彩釉《さいゆう》煉瓦の浮彫のある大きな門がのっていた（現在は遺跡入口に復元されている）。

ベルリンのペルガモン美術館にあるイシュタル門は、濃い青色の地の上に白色または黄色のムシュフシュと牡牛を交互に浮彫であらわす。これらの彩釉煉瓦は、まず浮彫のある素焼の煉瓦をつくり、黒釉で動物の輪郭線や色面の境界線を描き、その線の内側に色釉をほどこして、低火度で焼きつけたものである。それにしても、濃い青地をバックに白く浮きでるムシュフシュや牡牛の色彩効果はすばらしい。

イシュタル門にあらわれるムシュフシュはバビロンの最高神マルドゥクのシンボルであり、牡牛は雨と雷の神アダトに随伴する聖獣である。ムシュフシュは、頭から尾までの胴体部分が蛇、頭に一対の角があり、前肢は獅子、後肢は鷲《わし》である。ときには鷲の翼をもつこともある。つまりこの動物は、獅子のように獰猛《どうもう》で、鷲のように空を翔《か》け、蝮《まむし》の猛毒をもった、恐るべき怪獣である。そもそも、ムシュフシュとは、シュメール語で「怒れる蛇」を意味し、また頭に二本の角をもつ毒蛇の角蝮《つのまむし》は、現在でもアラビア半島の砂地に生息している。

「空中庭園」と「バベルの塔」

イシュタル門をくぐりぬけると、幅一〇～二三メートル、長さ約一〇〇〇メートルの大通りが南北にはしっている。天然アスファルトを塗った焼成煉瓦の上に、硬く白い石灰岩と赤白色の角礫岩《かくれきがん》の敷石を並べて舗装してある。ネブカドネザル二世（在位、紀元前六〇五～五六二年）は、偉大なマルドゥク神像の行列のために、バビロンの道路を舗装したという記録があるので、この大通りは「行列通り」と称される。「行列通り」の両側の建物の壁は、彩釉煉瓦のムシュフシュや牡牛や獅子などで飾られ、その一部は今も見ることができる。また「行列通り」にあるマルドゥク神の神殿エ・サグイラの門には複数の銅製ムシュフシュがたてられ、さらに七体の青銅像がつくられて銀張りされたと伝えられる。

イシュタル門の近くにイシュタル神殿とネブカドネザル二世の王宮がある。王宮の玉座室のファサード（前面）はペルガモン美術館に復元されているが、有名な「空中庭園」跡は現地にある（図2）。アーチ状の天井をもつ多数の狭い部屋から成る区域で、その屋上に七つの段になった懸架庭園がつくられた。ネブカドネザル二世は、メディア王の娘、アミティスを妃に迎えたが、緑濃い故国をしのんでふさいでいる彼女のために、この庭園をつくった。樹木や草花のための水は、巨大なポンプによってユーフラテス川から汲みあげた。

もう一つ、バビロンには人口に膾炙《かいしゃ》した「バベルの塔」がある。『旧約聖書』にいう「頂が天に達する塔」、古代メソポタミア人のいう「エ・テメン・アン・キ」(天と地の基礎の家)であるが、その所在地は長年の謎であった。しかし二十世紀初頭にR・コルデヴァイ調査隊によって発見された。もとより現在はその基底部が残存しているだけであるが、もとはウルのジッグラトに近い形式で、六つ

図2　「空中庭園」の下部組織(前6世紀前半)

の基壇層の上に神殿がたっていたと考えられている。このような「バベルの塔」が消滅したのは、バビロンが滅んだ後、煉瓦の無尽蔵な宝庫として、現地人の家屋の建築用に持ち去られたからである。現在、この聖塔のあとは、近くを流れるユーフラテス川の影響で湧き水が多く、つねに水をたたえている。

バビロンの歴史

バビロンの歴史は古代メソポタミアの栄枯盛衰をそのまま反映している。

バビロンの現代名はバビルという。古代のシュメール語ではカ・ディンギラ、アッカド語ではバーブ・イリ、『旧約聖書』ではバベル（いずれも「神の門」の意）と呼ばれた。

バビロンはバビロン第一王朝のハンムラピ王（在位、前一七九二～一七五〇年）がメソポタミアを統一して、ここを首都として以来、政治、経済、文化の中心地として栄えた。その後、アッシリア帝国時代、バビロンは反アッシリア勢力の拠点となったが、この帝国を滅ぼしてメソポタミアを支配したのは、シリアの草原地帯から移住してきた、カルディア人のナボポラッサル（在位、前六二五～六〇五年）である。彼は新バビロニア王国を興し、古都バビロンを首都とした。その子ネブカドネザル二世はさらに領土を拡大し、バビロンを古バビロニア時代のハンムラピ王の盛時に復することを意図して、先述の大規模な門や神殿や王宮や「バベルの塔」をつくった。古代ギリシアのヘロドトスが『歴史』に述べ、『旧約聖書』の「ダニエル書」に記されているのは、この時代のバビロンである。このようにバビロンは新バビロニアの諸王によって再建されたが、やがてアケメネス朝ペルシアのキュロス大王軍の侵入によって、わずか七〇年あまりで滅亡した。

前四世紀後半、バビロンの栄光ある歴史に魅せられたアレクサンドロス大王が、その東征後、バビロンにとどまり、大都城を建設しようとしたが、それを果たさぬまま、前三二三年六月一三日夕、三十二歳でこの地で没した。その後、古代世界の繁栄が東方に移るにつれてバビロンも衰え、前二七五年にティグリス河畔に建設された、セレウコス朝の首都セレウキアに住民が移されると、やがて廃墟となった。『新約聖書』の「黙示録」に、バビロンは「天のエルサレム」に対立する「悪の大いなる都」「大淫婦の住むところ」とされて、その滅亡が語られ、黙示録の図像にもしばしばあらわされる。

性愛の女神

バビロンがなぜ「大淫婦の住むところ」とされたのか。『ギルガメシュ叙事詩』には聖なる娼婦としてのイシュタルと、逸楽の女神としてのイシュタルとの、二つの性質があらわれている。

このことについて、ヘロドトスがバビロンのイシュタル神殿でおこなわれていた奇習を紹介している。それによると、この地方でうまれた女は誰でも、身分の高低をとわず、必ず一生に一度この神域において、外来の男に身体を与えなくてはならなかった。女たちは頭に紐を冠《かんむり》のように巻いて坐っている。この紐はイシュタル女神との繋がりを示すシンボルで、勤めが終わればはずす。そして男は女の膝に金《かね》を投げ、「ミュリッタ様の御名にかけて、お相手ねがいたい」とだけいえばよい。金額はいくらでもよい。この金は神聖なもので、つきかえしてはならない掟である。男と交われば女はイシュタル女神にたいする奉仕を果たしたことになり、家に帰る。

これと類似する風習は、キュプロス島など、オリエント各地にあったことが知られている。性愛は、近代人にとっては単なる生理的行爲であるが、古代人にとっては聖礼であり、超越的存在と関与する儀礼であった。

豊饒の女神

イシュタルはまた豊饒の女神でもある。例えば、「イシュタルの冥界下降」という神話がメソポタミアにある。イシュタル女神が七つの門をくぐって、地下の宮殿に行き、冥界の女王に会って帰るまでの物語である。これに男神タンムーズの名は出ないが、明らかに地下に姿を消したタンムーズを連れ戻す話である。というのは、タンムーズは秋の収穫期をすぎると死んで、冥界へ赴くが、春になるとイシュタルに呼び戻されて復活するからである。この物語で、イシュタルが七つの門を通るたびに、身につけている衣服や装身具を剝ぎとられ、ついには裸になるというのも暗示的で

図3　タンムーズの復活(印章の印影／イラク／前3千年紀後半)

ある。また、イシュタルが地上にいなくなったので、牛もロバも子をうまなくなり、人の子もうまれなくなったが、これも豊饒母神としてのイシュタルの性質の故である。

イシュタルの冥界下降のタンムーズの復活をあらわした印章図像がある（図3）。右方には、太陽神を象徴する日輪の下で、祭壇をはさんで、斧《おの》をもつ人物と椅子に坐った神とが相対している。左方には、男神が樹木を片足で踏みまげ、そのアーチ形のなかに女神が跪《ひざまず》いて、幹からあらわれる、笏《しゃく》をもつ男神を引き出している。これはイシュタルが冥界よりタンムーズを連れ戻す神話をあらわしている。

このように、この世には生と死の循環があるとされ、それがイシュタルとタンムーズの信仰をうみ、メソポタミアの人びとの世界観の基礎となった。この神話はギリシアではアドニス神話になり、『旧約聖書』も多くの個所でふれている。また、グノーシス派やエレウシスの神秘教、さらにはキリスト教のなかにも生き続けている。コンスタンティヌス大帝の母ヘレナが四世紀にベトゥレヘムに建てた降誕教会で、数世紀のあいだタンムーズ礼拝がおこなわれたのは、決して偶然のことではない。

4 ジョグジャカルタ（インドネシア）

伝統文化の息づく古都

ブオノ十世と王宮

民族芸術学会の第一六回大会は、二〇〇〇年五月にインドネシアのバリ島とジョグジャカルタで開催された。ジョグジャカルタ会場の国立芸術大学では、イ・マデ・バンダム学長が自ら運営の指揮をとり、キーノート・スピーチをし、学内施設を案内した。またインドネシア各地の三つの踊りと三つの音楽の実演がおこなわれた。

一方、王宮（クラトン）では宮廷音楽と舞踊の特別公演があった。しかもスリ・スルタン・ハマンク・ブオノ十世と夕食をともにしながら鑑賞するという歓待であった。そしてブオノ十世の長いスピーチは研究発表というべきもので、C・レヴィ＝ストロースなどの言辞を引用しつつ、神、人、芸術の相互関連を論じ、きわめて深い内容と高い格調を有していた。

広大な王宮はジャワ建築の粋を集めて一七五六年につくられたが、南北の二つにわかれ、入口も別である。内部に博物館があり、歴代スルタンが用いた衣裳、家具調度品、乗り物、クリス（ジャワ独特の短刀）、肖像画などが展示されている。

王宮内では伝統のバティック（蠟染め。いわゆるジャワ更紗）の腰衣を着て、腰にクリスを差した男性が目につく。かれらは家臣とよばれ、一四の階級があり、王宮の管理や守護にあたっている。わずかの手当があるが、実質的にはボランティアで、各人の仕事の合間に仕える。このような家臣は女性をも含めて約一六〇〇人もいる。

バティックにまつわる二話

バティックはインドネシア各地でつくられ、なかでもプカロンガン（花や鳥が主流で色彩が豊か）、チルポン（中国やインドの影響がつよいデザインと色彩）、ソロ（伝統的な色と柄が多い）などが知

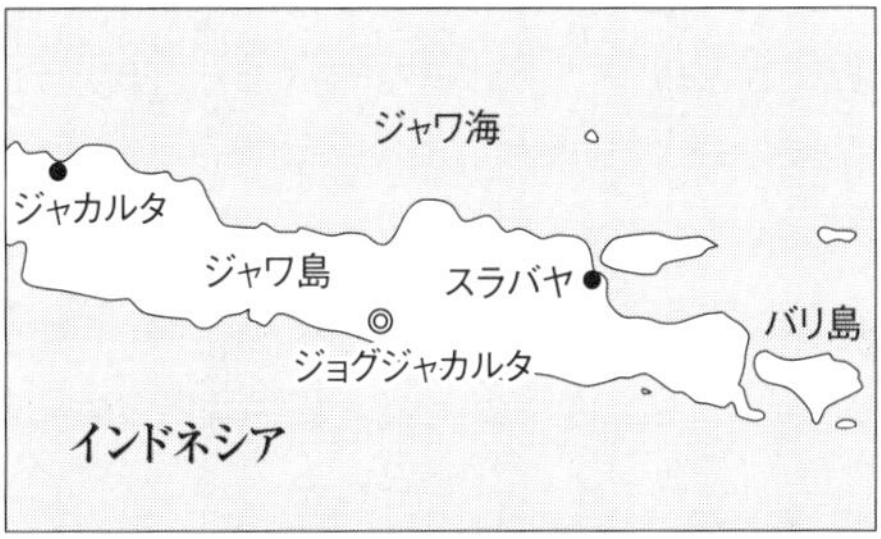

図1　刷毛で蠟染めする女性（バティック工房）

られているが、ジョグジャカルタは最も代表的な産地である（図1）。動植物をモティーフにした柄や幾何学文様、ソガという染料を用いた茶褐色系の色彩など、伝統を守る工房がティルトディプラン通りなどに多く集まっている。

バティックは宮廷で重用されたので、さまざまなデザインや技法が発達した。何百というデザインのなかで女たちに最も好まれているのは、ガリスミン（斜線）と呼ばれる文様群で、とくに縦長のS字形の単位文様を斜めに連ねたパラン（刀）文である。その理由は、この文様の傾斜角度が微妙で、五〇度くらいの角度で下降し、それが女性の足の運びや腰の動きと緊密につながって、優雅な美しさを現出するからである。斜め縞文様のウダン・リリス（霖雨）文の傾斜角度についても同じことがいえる。

あまり知られていないが、欧米には十九世紀末まで、バティックのように無地の布に防染によって模様を染める技法がなかった。わが国では糸を染めて織る「先染め」と、織った布に模様を染める「後染め」を区別するが、この後染めが欧米になかった。したがって布に模様を施すのは織り、プリント、刺繍、キルト、アップリケなどによった。

近年、インドネシアや日本の染色文化に触発されて、欧米でも染色アートが盛んになり、それを示す「surface design」という語がつくられた（一九七六年）。dyeing は糸染めや浸《つ》け染めの「先染め」を意味するので、それを用いることができないからである。しかしこの語はおかしい。なぜなら染色は「表面デザイン」ではなく、布の内部まで染みることであるから。

影絵芝居のワヤン

王宮と広場をはさんで建つのがソノブドヨ博物館である。ここではジョグジャカルタだけでなく、ジャワ島の文化を効率よく知ることができる。なかでもワヤン・クリッ（ワヤンは影、クリッは水牛の皮の意）の人形や仮面の展示、物語の登場人物の解説など、たいへんくわしい。そしてこの博物館の敷地内にある大きな建物で、毎晩、影絵芝居のワヤン・クリッが上演されている。建物の中央にクリルという白い幕を張っておこなわれるので、どの方向からでも見ることができる。

しかしワヤンはもともと祖先の霊を人形の影に託して供養したり、悪霊を祓《はら》うための儀礼である。したがって祭り、結婚、誕生、割礼などのときに個人ないし有志が主催し、個人の家や村の広場でおこなわれる。

ボロブドゥールとその浮彫

ジョグジャカルタの北方約四〇キロにボロブドゥールが厳然とそびえている。高さ三一・五メートルの段台ピラミッドの巨大な建造物で、露台と呼ばれるテラスに立つと、三〇〇〇メートル級の山々が望まれる。

ボロブドゥールは、一辺の長さ一二〇メートルの方形基壇の第一層の上に、順次に小さくなる方形の五層をのせて下部構造を形成し、同じく逓減する円形の三層を順次に重ねて上部構造として、頂上に鐘《かね》形の大ストゥーパをのせたものである（図2）。第一層の下から、外部からは見えない「隠れた基壇」が見出され、そこから発見された古代ジャワ文字によって、建立時期に関する手がかりが得られ、七六〇〜八四〇年につくられたと考えられている。

下部構造の第二層から上は四層にわたって、主壁と欄楯《らんじゅん》（玉垣）のあいだに回廊がつくられ、その両側に浮彫パネルが帯状に連綿と続く。全部で一四六〇画面、総延長三キロにおよぶ。主題は仏伝図、譬喩《ひゆ》説話図、本生《ほんじょう》図、『華厳経《けごんきょう》 入法界品《にゅうほうかいぼん》』の善財童子歴参物語などである。華厳経といえば、奈良の東大寺も華厳経であり、本尊の毘盧舎那仏《びるしゃなぶつ》のほかに、絵物語と額装の善財童子歴参図が遺存する。したがってインドに発した華厳経が、北に向かって中国を経て東大寺へ、南に向かってボロブドゥールに達したわけである。

図2　ボロブドゥール（8〜9世紀）

図3　仏伝図とルドラーヤナ王物語図
（ボロブドゥール／8〜9世紀）

図3は第一回廊の主壁の浮彫で、上段はラリタヴィスタラ（『方広大荘厳経』）の一場面、下段はルドラーヤナ物語の最終場面である。前者は六年の苦行を終えた釈迦が山を下り、ナイランジャナー（尼連禅河）で沐浴するところをあらわす。雲に乗った天人が花を献じ、河中の天人たちが芳《かんば》しい水を汲み、また水面から蛇が首をあらわす。川のなかに立つ釈迦が仏陀の姿にあらわされているが、これは気力を回復した釈迦が仏相を帯び、円光に輝いたという経典の記述に即している。その顔貌や、身体が透けてみえる薄い衣は、インドのサールナート仏と共通している。

下段の図柄は、右方にルドラーヤナ王の大臣ヒルが船に財宝を積んで渡航する場面、左方に上陸した人びとが他国で温かく迎えられる場面があらわされている。暴風雨に遭遇した船のマストは傾き、人びとは帆をたたもうと必死である。そして荒れ狂う海が大きな波しぶきで表現される。

ちなみにこの船はアウトリガー（船外の浮材）をつけている。ボロブドゥールの回廊には八隻の帆船が浮彫されているが、アウトリガーは五隻にあり、三隻にはない。そして左舷を見せる四隻も右舷を見せる一隻もアウトリガーをもつから、五隻はいずれもダブル・アウトリガー付だろう。インドネシア人は古くから航海術に熟達し、このような帆船で南太平洋を航行し、さらにインド洋を渡ってアフリカ東海岸に達していた。マダガスカル島の住民がインドネシア系であるゆえんである。

壮大なロロ・ジョングラン寺

ジョグジャカルタの東北一七キロにプランバナン寺がある。広大かつ巨大なヒンドゥー教寺院群で、その中心がシヴァ神殿のあるロロ・ジョングラン寺である。四七メートルの尖塔をもつシヴァ神殿は、天に燃えあがる巨大な焔のような姿で南国の空を衝き、左右に高さ二三メートルのヴィシュヌ神殿とブラフマー神殿、そしてそれぞれの前面に向きあって、三大神の乗物であるナンディ、ガルーダ、ハンサを入れた堂を伴なう。この六堂を中心とする一一一メートル四方の内苑をとりまいて、四重に計二二四棟のペルワラ（小詞堂）が二二二メートル四方の中苑を形成している。さらにその外側に方三九〇メートルの外苑が存在していたらしい。これらは九世紀頃の建立と考えられている。

ジョグジャカルタ郊外には、プラオサン寺やサンビ・サリ寺のようなヒンドゥー教寺院、ムンドゥット寺、パオン寺、カラサン寺、サリ寺のような仏教寺院が点在し、峻厳ないし優美な建築や神仏像がある。たとえばムンドゥット寺の石仏三尊像は「世界で最も美しい仏像のひとつ」と称されている。

5　ムンバイ（インド）

ヒンドゥー教の男女両性具有神

来訪者を迎える「インド門」

ムンバイはアラビア海に面するインド西海岸の巨大都市である。旧名のボンベイがポルトガル語のボン・バイア（良港）に由来するので、古いインド地名に戻った。ムンバイは原住民のコーリーと呼ばれる漁民が崇拝していたパールバティー女神の化身ムンバにちなむ。

私はムンバイを三度訪れた。一九五六年は飛行機で空から、七九年は鉄道で陸から、二〇〇八年は船で海からだが、海からの方が情趣がある。なぜなら港の南端にある「インド門」が真正面から来訪者を迎えてくれるからである（図1）。この門はイギリス王ジョージ五世の来印を記念して一九一一年に建てられて以来、船で来る要人や遠洋客船の送迎式に用いられた。門の前に、インド独立運動の精神的支柱となった、マラーター王国の創始者シヴァージーの像が立つ。イギリスのインド侵略のシンボルである門と、それをにらみつけるように、馬上で槍を握りしめるシヴァージー像との対照が興味ぶかい。

「インド門」の後ろにタージ・マハル・ホテルがあり、私も二度宿泊したが、先年このホテルを反政府ゲリラが襲い、たいへん驚いた。その近くにプリンス・オブ・ウェールズ博物館がある。先述のジョージ五世の皇太子時代に礎石を置いたのでこの名がある。西インド最大の博物館で、質もすぐれているが、ここではふれない。なぜならムンバイは一六〇〇万人を擁する大都市なので、その歴史、社会、文化を書きだすと切りがなく、ここでは東沖合のエレファンタ島に焦点をしぼろうと思っているからである。ただ、世界でも珍しい鳥葬がおこなわれている場所があるので、紹介しよう。

図1　インド門(1911 年)

鳥葬の「沈黙の塔」

「インド門」のある半島の反対側の半島にマーラバールという丘があり、上に登ると市街を一望することができる。この丘に、パールシーと呼ばれるゾロアスター教徒が葬式に用いる円塔がある。ダクマ、すなわち「沈黙の塔」である。この円塔の直径は三〇メートルで、その上部に死体を裸で置き、禿鷹《はげたか》に内臓や肉をついばませる。骨だけになり、完全に乾くと、中央の井戸状になった穴に投げこまれる。この鳥葬はパールシーなどのゾロアスター教徒とチベット人のあいだに見られる葬法であるが、それはかれらが火・土・水を神聖視し、それらを火葬・土葬・水葬の死体によって汚すのを嫌ったことから始まった。もとより、ムンバイの「沈黙の塔」への異教徒の入場は禁じられ、またその塔は樹木に覆われていて、全容を見ることはできなかった。

なお、パールシーは八世紀にイスラーム教徒に追われて、ペルシアのパールサ地方（ペルシアはこの語に由来。現代名ファールス）からムンバイに到達、定着し、現在約一〇万人が住んでいる。インドにおける鉄鋼や飛行機の工業はパールシーによって始められたが、かれらは商人としても活躍し、社会福祉や教育の面でも貢献している。

男でも女でもある最高神

ムンバイの東海上一〇キロのボンベイ湾内にエレファンタという小さい島がある。この島に五つのヒンドゥー教石窟があるが、とくに重要なのは第一窟である。この窟院は約四〇メートル平方の列柱広間、北・東・西の三方に入口があり、南壁に主要な神像が配されている。このことから北入口（図2）が正面と考えられているが、広間西端の中央部にリンガ（男根）をまつる方形祀堂があることから、当初は東面する窟院としてつくられたようである。

南壁中央に三つの顔をもつシヴァの胸像が浮彫され、高さ五・四四メートルの偉容を誇る。伏せた目、強い鼻筋、厚い唇の顔は威厳にみち、量感のある身体にはたくましい力がみなぎっている。このほか、シヴァの諸相をあらわす浮彫の大構図が八面ある。すなわち、舞踊像、ガンジス川を受けとめる像、パールヴァティーとの結婚をあらわしたものなど。

そのなかにアルダ＝ナーリーシュヴァラ（男女両性具有）像が含まれている（図3）。このシヴァは右半身が男性、左半身が女性であり、したがって乳房は左胸にだけあらわされている。そして結いあげた頭髪に三日月の飾りをつけ、四本の腕を有し、向かって左下の聖牛ナンディンに寄りかかる。上にあげた左右の手には鏡と蛇をもつ。では、この両性具有は何を意味するのか。

古代ギリシアにヘルマフロディトスという男女両性を備えた神がいる。この神はヘルメスとアフロ

図2　エレファンタ第1窟北入口（8～9世紀）

図3　シヴァ浮彫
（エレファンタ第1窟／8～9世紀）

ディテのあいだにうまれた子で、アフロディテの語尾を男性化して、この名がつけられた。この神は古典期の彫刻では乳房をもつ男性の身体で、ヘレニスティック期には男根を有する女性の身体であらわされた。また、ギリシアのオルフェウス教の神話によると、黒い翼をもつ鳥である夜（ニュクス）が風をうけて妊娠し、原初の卵（ファネス）をうむが、その卵から愛（エロス）がうまれ、これが原動力となって、万物がうみだされた。このエロスが翼をもつ両性具有神であることは重要である。つまりこの姿には始源的なヘルマフロディトスの意味がこめられている。ちなみに、多くの宇宙創成神話において、原初のカオスから出現した最初の形態は卵であった。インドの神話ではブラフマンの黄金卵が割れて創造をひきおこし、ペルシアのミトラ神も世界卵からうまれた。

両性具有の起源と分布

このような両性具有はどこまでさかのぼることができるのか。

西ヨーロッパの後期旧石器時代層から幾つかの興味ぶかい石製人像が出土している。フランスのローセルから見出された浮彫は、二つの頭部が反対方向を向く、一種の抱擁像である。これは一般に性交あるいは出産の場面をあらわすと考えられているが、S・ギーディオンは男女両性具有人であるという。かれはプラトンの『響宴』のなかのアリストファネスの寓話にあらわれる両性具有人が、その身体が球形で、四本の手と四本の脚をもち、反対方向を向く二つの頭を有することを指摘する。中部イタリアのトラシメノ湖畔から出土した丸彫人像は女性像とも男根とも見える。バヴァリアのマウエルン出土の人像は、一端を上にすると女のトルソになり、逆にすると男根になる。

M・エリアーデはいう。「始源的宗教の最高神は両性具有であった。同時に男であり女であった。すなわち天上的であるとともに地上的であった。（中略）両性具有は万物性の原初的で普遍的な表現のための定式であった」と。このような両性具有的存在は古代において、ローマのヤヌス、フリュギアのアグディスティス、ペルシアのゼルヴァン、メキシコのオメテオトル、インドのプルシャなど、各地に見出される。

ヤヌスは「神のなかの神」と称されて、ローマ暦の一月は彼の名を冠してJanuariusと呼ばれたが、前後二つのその顔はもとは男＝女の顔に形づくられた。アグディスティスはゼウスが夢で精液を地上におとしたことからうまれた両性神で、神々によって男根を切りとられたが、そこから巴旦杏《はたんきょう》がはえた。この樹の実をサンガリオス河神の娘ナナが摘んで懐に入れたところ、身ごもってアッティスがうまれた。

また、プルシャは地上のすべての生命の創造者である。プルシャはまず二つに分裂し、男女それぞれの半身が交合した。すると人間が群れをなしてうまれ出た。プルシャの女性半身は苦痛と恥辱を感じて姿を消そうとしたが果たせず、やむなく牝牛に変身した。すると男性半身も牡牛に姿を変えて彼女と交わった。こうして牛がうまれた。プルシャの男性半身は、その後も小さな蟻にいたるまであらゆる生きものに変身して、女性半身を追い求めた。なお、インドにはシヴァにしてパールヴァティー、シヴァにしてカーリーという両性具有神が存在し、絵画や彫刻に頻繁にあらわれる。

このような両性具有神は、西はスカンディナヴィア南部から、ヨーロッパやオリエント全域をへてインドへ、さらにインドネシア諸島からニューギニアやニュージーランドに、そして北・中・南アメリカの一部にと、西アフリカを含めてきわめて広大な地域に広く分布している。

儀礼的性転換

儀礼的性転換も広くおこなわれており、先述の両性具有の分布図にマダガスカルや東北シベリアなどが加わる。この性転換の方法は種々あるが、まず割礼《かつれい》があげられる。それは、男の場合は男根の包皮を切除し、女性の場合はクリトリスを切り取るが、前者は男における女性的要素であり、後者は女における男性的要素であって、それらを切除しないと、完全な男ないし女になれないわけである。

また、古代ギリシアのスパルタでは、結婚するとき女は髪を剃って男の着物をきる風習があり、アルゴスでは花嫁に髭をつけた。これとは逆に、男が女に仮装する例が、インドのホーリー祭など各地にある。これらは象徴的な性転換であるが、男女が互いに衣裳を交換することによって、性を変えることが可能であること、すなわち始源において人間は両性的存在であったことが暗示されている。

大乗仏教の『法華経』や『無量寿経』に変成男子の考えがある。つまり、女性は男性に姿を変えて初めて成仏することができるというもので、明らかに女性差別である。出口王仁三郎はこれを読みかえて、肉体は男であるが魂は女であり、肉体は女でも魂は男であると考えた。すなわち、すべての人間は男の要素と女の要素を兼備するという、両性具有を説いた。

6　台北（台湾）
故宮博物館名品の特別展示

故宮博物院八〇周年記念展

『芸術新潮』二〇〇六年一月号は、台北・故宮博物院八〇周年記念展の特集を組んだ。そして巻頭につぎのように書いた。少し長いが引用する。

「この記念展は特別な時代（北宋）に的をしぼり、書画、やきもの、古典籍の三部門が持てる宝を結集、空前絶後の大展覧会をかたちづくる。（中略）

北宋山水画の絶品は台北故宮の独り占め状態であるのだが、それらを含む宋元時代の名品七〇点は保存のために展示の機会がごく限られている。それが今展では、北宋山水画の文字通りのビッグ3、范寛《はんかん》《谿山行旅図《けいさんこうりょず》》、郭熙《かくき》《早春図》、李唐《りとう》《万壑松風図《ばんがくしょうふうず》》が、三役揃い踏みのごとく肩をならべるのだ。

絵画だけではない。印刷技術が革新され、それまで巻物が基本だった印刷物が今のような本のかたちに進化したのも北宋時代。さらに、中国各地の陶窯が白磁に青磁に美を競う陶磁器の黄金時代でもあった。

なかでも汝窯《じょよう》の青磁は、洗練された色とかたちの奥に、多くの謎を秘めた幻のやきもの。世界にわずか七〇点ほどしか残らないうち、台北故宮が占める二一点、その全点がはじめて一堂に展示される。どうです。これは行かなきゃ損でしょ」

この記事に唆《そその》かされたわけではないが、一月下旬、妻とともに台北へ赴いた。私にとって初めての台湾行であった。というのは、中国から何回も招待されたので、台湾へ行くことは「二つの中国」を認めるような気がして敬遠していたのである。そして二、三度訪台している妻の意見にしたがって、圓山《まるやま》大飯店の南向きの部屋を予約した。

桃園国際空港から高速道路で東へはしると、市街へ降りる少し手前、左方の小高い丘の上に、黄色の屋根と赤い柱をもつ、巨大で派手な、宮殿のような建物が見える。龍宮とも呼ばれる圓山大飯店で、一九五二年に建てられた。

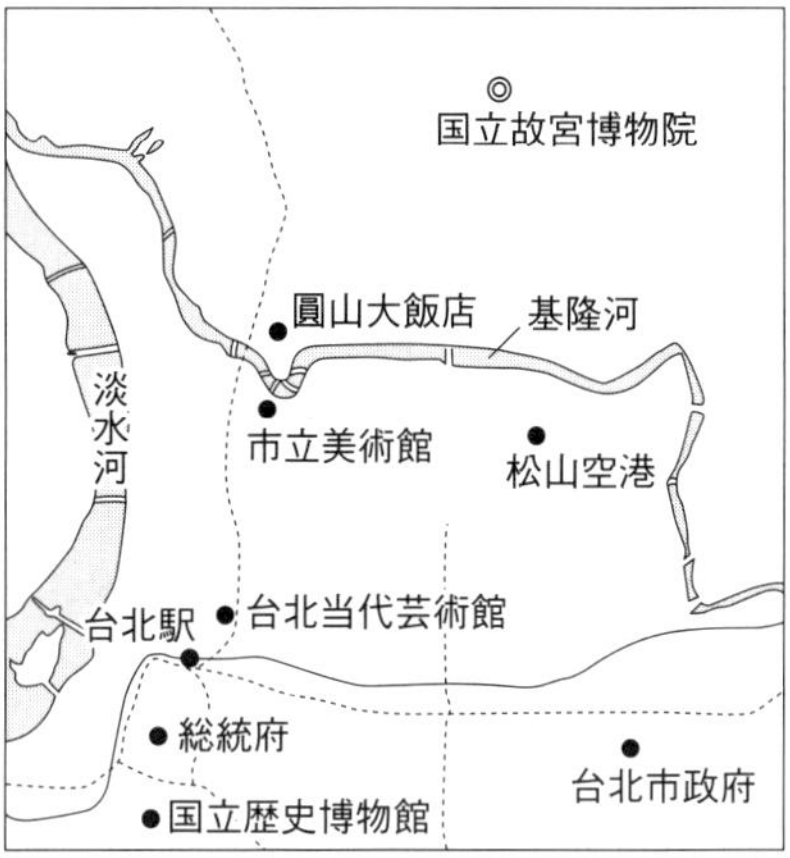

予約した部屋のテラスからの眺めはすばらしい。眼下に見えるホテルの庭や楼門の彼方に市街がひろがり、とくに夜は高速道路の街灯と流れる車のライトが加わる。

文物疎開大作戦

辛亥革命建国記念日の一九二五年一〇月一〇日、北京・紫禁城乾清宮前の広場で、故宮博物院の開会式が挙行された。宮城北側の神武門には「故宮博物院」と大書された青石の額が掲げられ、政治家など名士三五〇〇人が招待され、五万人の民衆が紫禁城を埋めつくした。

しかし一九三一年九月、満州事変が勃発。翌年一月、上海で日本軍と中国軍が交戦、三月に満州国の独立宣言。三三年一月、万里の長城の起点である山海関が陥落。当時の中華民国政府は故宮博物院文物から名品を選び、南方に疎開することを決定した。南遷文物の内訳は、古物館二六三一箱（六万三七三五件）、図書館一四一五箱、文献館三七七三箱、管轄未定の時計など五六七二箱の計一万三四九一箱。それに古物陳列所などの文物六〇六六箱を加えた約二万箱である。これらは北京から上海をへて南京へ、そこから北路で峨眉へ、中路で楽山へ、南路で安順と巴県へ、さらに重慶へと戦火の難を逃れた。そして日本の敗戦によって南京に戻った。この大事業は一四年も続き、行程は一万キロにおよんだ。しかしまだ終了しなかった。

今度は国民党と共産党の内戦が始まった。そこで一九四八年暮れ、文物三九七二箱は南京をはなれ、海を越えて台湾の基隆港へ運ばれた。

台北郊外の外雙渓《がいそうけい》の青々とした山に寄りそうように築かれた故宮博物院が開館したのは、一九六五年一一月である。北京の紫禁城を出て実に三三年であった（北京の博物院開館から八〇年）。

「雨過天青」の汝窯青磁

この展覧会は「大観　北宋書画、汝窯、宋版図書特選」と名づけられたが、その汝窯展示室で私は強い衝撃をうけた。青磁器の釉色が文字通り「雨過天青」色なのである。すなわち、雨あがりの空にたとえられる、淡いながらも深々とした青みである。

それまで私は、青磁の「青」は、中国語でいう青松・青果・青島などと同じように、慣習的に青に含まれる緑色を意味すると考えていた（身近な例として、わが国でも青信号は実際は緑色であり、青梅・青海苔《のり》・青虫といった表現がある）。なぜなら一般的呼称の砧《きぬた》、天龍寺、七官などの青磁の釉色はすべて緑であるからである。

「大観」展の汝窯青磁はすべて名品であるが、とくに『水仙盆』『輪花碗』『瓶』がすばらしい。なかでも『水仙盆』（図1）は、貫入（釉に生じる細かいひび）が全くない唯一の青磁で、いわば奇蹟の絶品である。大阪市立東洋陶磁美術館の前館長、伊藤郁太郎氏は「私の館にも同じ汝窯の水仙盆が

図１　汝窯青磁水仙盆（北宋末）

ありますが、残念ながら比較にならない。もう、これは、人が造ったものじゃないな……という気にすらさせられました」（前出『芸術新潮』）という。

貫入のない『水仙盆』に対して、十弁の蓮花をかたどった『輪花碗』や、イスラームのガラス器に由来する器形の『瓶』には、「氷裂文」（氷塊のように透明に幾層にも生じた亀裂）とか「蟹爪文《かいそうもん》」（蟹が砂に残した爪跡のようなひび）とかいわれる、美しい貫入があり、見所となっている。汝窯青磁の釉には瑪瑙《めのう》の粉末を用いたと、南宋の周輝『清波雑志』にあり、事実ではないにせよ、そんな記述を信じたくなる美しさである。

中国陶磁の本流は、白磁でも青花（染付）でも赤絵でもなく、青磁である。この青磁の長い歴史において、汝窯の「雨過天青」色は至上とされた。先述の『清波雑志』に「汝窯は宮中禁焼なり」と書かれた所以である。

汝窯という名は河南省臨安県汝州に由来し、哲宗《てっそう》～徽宗《きそう》時代（一〇八六～一一〇六年）につくられたとされる。窯跡は、大谷光瑞《こうずい》などが探したがわからず、やっと一九八七年に河南省宝豊県清凉寺村で見出された。

「大観」展に出展された、故宮博物院蔵の二一点とイギリスのデイヴィッド財団蔵の三点のように、汝窯青磁は無文、つまり文様がない。窯跡からの出土品のほとんども伝世品と同じように無文であった。ところがごく少数の、型押や彫文のある陶片や、水鳥や龍をかたどった断片が出土して、汝窯は無文という定説をくつがえした。

北宋山水画のビッグ・スリー

中国の山水画の遠近表現に、高遠・深遠・平遠の、いわゆる「三遠」がある。これは郭熙《かくき》が説いたもので、高遠は山を下から見上げる見方（仰視）で、山は屹立する。深遠は山の谷間を通して遠方を眺める見方（水平視）で、山々が幾重にもかさなる。そして平遠は遠山を望見する見方（俯視）で、はるばるとした趣きがある。

范寛『谿山行旅図』（図2）は高遠表現である。前景と中景を画面の下方三分の一に描き、その上方に大きく山を描いて、山の高さを大々的に打ち出し、垂直に落ちる滝も高さを強調している。二メートル余の大画面を下から見上げると、その量感に圧倒されるが、遠くから見ても山が目前にせまり、その高さやマッスは失われない。「遠望すれど坐外を離れず」と評された所以である。

郭熙『早春図』（図3）はきわめて手がこんでいる。その構図法の詳細をここに書く余裕はないが、

図2　范寛『谿山行旅図』
（10世紀後半～11世紀前半）

図3　郭熙『早春図』（1072年）

先述の「三遠」に即していえば、高遠・深遠・平遠を駆使して、迫真的であるとともに構成的な三次元的空間を実現している。しかもこの絵にはダイナミックな「龍脈」が感じられる。「龍脈」とは風水でいう気の流れで、まさに気韻生動する山水画である。

李唐『万壑松風図』は奥行がなく、非常に平面的である。しかもその精細な描写はいわば触覚的である。というのは、彼はいわゆる「斧劈皴《きへきしゅん》」（山水画の皴法の一種）の創始者で、山や岩肌を斧《おの》で打ち割ったように側筆を用いて描いているからである。この画法はのちに院体画（後述する画院の画風）の特色となる。李唐のこのような画風は、先述の郭熙はもとより范寛すら通り越して、唐代に戻ったかの感がある。それは部分的に青、緑、赤茶の色彩を用いていることにもあらわれている。李唐は細密描写に復古的要素を加えて、絵画化と象徴化に向かうことによって、北宋から南宋への橋わたしの役割を果たした。

稀代の風流皇帝・徽宗《きそう》

ここで逸することができないのが、風流皇帝、徽宗である。「大観」展には彼の『臘梅山禽図《ろうばいさんきんず》』や『書牡丹詩』（図4）が展示されていた。前者は写実的な没骨《もっこつ》画で、事物の輪郭線（骨法）を用いず、色彩の濃淡で描かれている。後者の書はきわめて個性的で、細く鋭く弾力がある。この書風は彼が創始した「痩金体《そうきんたい》」で、いかにも皇帝らしいと考えられて、金代の章宗などが模倣した。この詩の内容は、一本の牡丹の幹から紅色の深い花と浅い花が咲き、吉祥であるというもの。彼は自分の治下にあったこの種の吉祥を好み、自らの詩書画による『宣和睿覧冊《せんなえいらんさつ》』という画冊に集大成した。

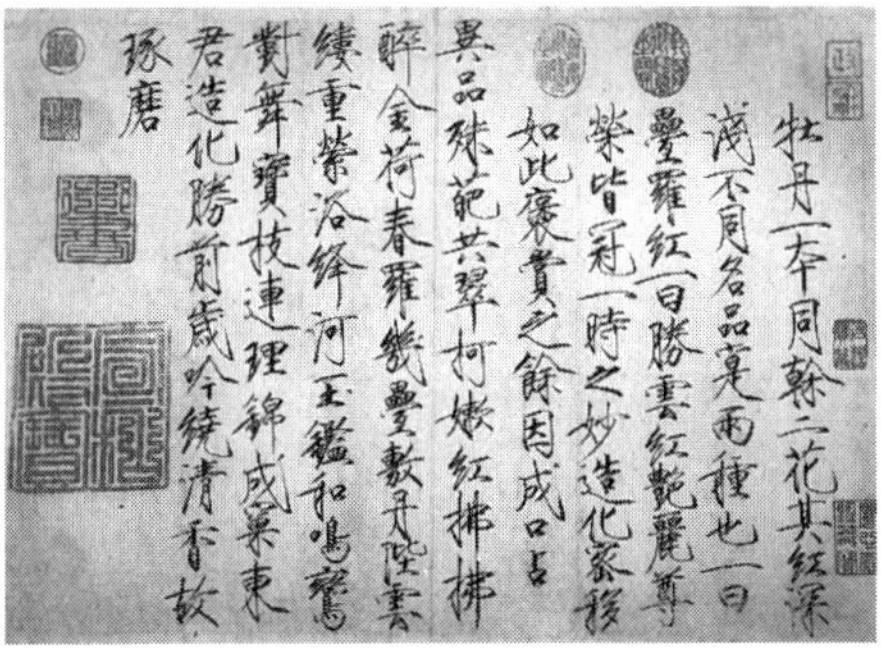

図4　徽宗『書牡丹詩』（12世紀前半）

徽宗は芸術の保護や育成にも熱心で、宮廷絵画制作機構の翰林図画院《かんりんとがいん》（略して画院という）を改革した。そして全国から画家を都の汴京《べんけい》（開封）に集め、待詔・芸学・祗候《しこう》・学生などの職階や昇進制を定めた。いわゆる院体画は「画院の体」、つまり宮廷様式の絵画という意味である。画院は皇帝の命令によって肖像画や鑑賞画を制作したから、主題、用途、鑑賞者は限定され、絵画の様式にも影響を与えた。

また彼は書画学（絵画学校）を創設して、入学試験には自ら出題した。その入試問題は五つ知られているが、いずれも詩の一句または一聯《いちれん》（律の対句）である。したがって当時の画家は詩句の正確な理解力を要求されたことがわかる。さらに彼は音楽を愛し、古美術の収集につとめた。『宣和博古譜』は青銅器コレクション目録であり、『宣和画譜』は絵画、『宣和書譜』は書の収集目録である。

このように徽宗は稀代の風流天子であったが、政治的には無能に近く、金の再度の侵入を許して国土の北半分を失い、自からも捕えられて、東北地方の五国城において抑留中に没した。

7

アンコール（カンボジア）

「祇園精舎」と考えられた寺院《ワット》

森本右近太夫

人口に膾炙《かいしゃ》している寺院に「祇園精舎《ぎおんしょうじゃ》」がある。インドのシュラーバスティー（舎衛城）にあった僧院で、釈迦が説法をおこなったところだが、日本人には『平家物語』の序章として、また平家琵琶でそれを語る平曲として親しまれている。祇園精舎の鐘の音には諸行無常の響きがあり、沙羅双樹の花の色は盛者必滅の理《ことわり》を示すというもの。

この祇園精舎を、江戸時代初期の日本人は、カンボジアのアンコール・ワット（図1）であると考えていた。その証拠に、遺存する『祇園精舎図』がアンコール・ワットの平面図と一致するという事実がある。では誰がこの寺院の俯瞰図を描いたのか。フランスの博物学者H・ムオが一八六〇年に発見する以前に、現地を訪れた日本人がいたのだろうか。

アンコール・ワットの第一回廊と第二回廊をつなぐ十字型中回廊の柱に、日本うまれの森本右近太夫が一六三二年に「御堂ヲ志シ数千里ヲ渡リ」四体の仏像を奉納した旨の日本語の墨書が残っている。しかしその後の彼の消息は不明であった。これには翌三三年に、いわゆる寛永鎖国令が出て、海外渡航が禁止されたことが関係している。すなわち彼は帰国後に何度も名前を変えて身を守り、子孫も彼の海外渡航のことを秘してきた。

ところが最近、重要な事実が明らかになった。それは京都の乗願寺で、加藤清正の家臣であった森本佐太夫の位牌と墓碑が見出され、彼が右近太夫と同一人であることが判明したことである。また、先述の『祇園精舎図』は右近太夫より約八〇年おくれてアンコール・ワットを訪れた、長崎の通詞島野兼了が描いて持ち帰ったことが分かった。

では、祇園精舎と考えられたアンコール・ワットとはどのような寺院なのか。

図1　アンコール・ワット(12世紀前期)

クメール人の黄金期

カンボジアの歴史は扶南国《ふなん》（紀元前後～七世紀）に始まる。それを滅ぼしたクメール人（中国でいう真臘《しんろう》）は九世紀初頭から強大となり、インドシナ半島のほとんどを版図にして、アンコール時代（八〇二～一四三二年）と呼ばれる黄金期をつくった。当初は王都は一定していなかったが、九世紀末にヤショーダラプラという名の王都がアンコールに建設され、以後、短期間の遷都を除いてクメール王国の首都として栄えた。クメール人は芸術的才能に秀でた民族として知られるが、歴代の王を頂点とする宗教的情熱と相まって、かれらは大規模な寺院建築を主とする活発な造形活動をおこなった。

アンコールの遺跡群は、カンボジアの首都プノンペンの北西二五〇キロ、トンレ・サプ湖の北端近くにあり、アンコール・トム（大都城の意／図3）を中心に大小多数の寺院や遺跡が散在する。そのなかで最も大きいのがアンコール・ワット（王城寺の意／図1）で、スーリヤヴァルマン二世（在位：一一一三～五〇年）が造営した、都城に付属した寺院である。

アンコール・ワット

クメールの寺院はすべて墳墓寺院の性質を有するが、アンコール・ワットもヴィシュヌ神を祀る寺院であるとともに、ヴィシュヌ神を信奉したスーリヤヴァルマン二世を祀る廟でもあった。このように神と王が一体化した神王（デーヴァラージャ）信仰はクメール人独特のもので、初代の王ジャヤヴァルマン二世のときに確立された。歴代の王は主としてシヴァ神を信奉したから、寺院の本尊はリンガ（シヴァ神の象徴としての男根）の形で崇拝され、そして王は死後に諡号《しごう》として、合体する神の名称がつけられた。たとえばアンコール・ワットには、ヴィシュヌ神とスーリヤヴァルマン二世が合体したヴィシュヌラージャ神像が祀られ、王は死後パラマヴィシュヌローカ（最勝ヴィシュヌ世界）と称された。したがってこの寺院が完成したのは次王の時代であると考えられる。

アンコール・ワットは西向き（他の寺院は東向き）で広い外堀をめぐらし、大きい門をもつ外壁の囲む寺域（約八〇〇×一〇二五メートル）を構成する。その中央の主部は、順次に高さを増す三重の回廊をめぐらし、中央塔（高さ六五メートル）を頂点に各回廊の四隅に高塔を配して、いわゆる寺院山を形成する。広大な伽藍《がらん》であるにもかかわらず、平面的かつ立体的にシンメトリカルな幾何学的構成をおこなうことによって、調和と律動を示す美しい建築をつくりあげた（図1）。

ダイナミックで的確な彫法

この大建築は多くの優れた装飾浮彫をもつことでも注目される。とくに回廊の内壁には、インドの二大叙事詩である『マハーバーラタ』と『ラーマーヤナ』から取材した説話画や、建設者のスーリヤヴァルマン二世の事績などが絵巻物のように延々と浮彫されている。また、連子窓にはさまれた外壁にはアプサラス（天女）が浮彫であらわされている。

図2は第一回廊の東面南側にある浮彫で、ヒンドゥー神話の「乳海攪拌《にゅうかいかくはん》」をあらわすが、その話はこうである。あるとき神々は不死の霊薬アムリタを得たいと思ったが、幸いヴィシュヌ神とブラフマー神の許可を得ることができた。そこでシェーシャ竜王がマンダラ山を引き抜いてきて、これを亀王の背中に置いて攪拌の棒とし、蛇のヴァースキを綱がわりに用いて、この山に巻きつけ、神々は蛇

の尾を、悪魔たちは頭をもって大海をかきまわし始めた。長いあいだかきまぜていると、大海の水は乳に変じ、やがて泡立つ海中からシュリー女神などが出現した。そして最後に神々の侍医ダンヴァンタリが、光輝く壺にアムリタ（甘露）を入れて、大海のなかからあらわれた。

この神話が回廊の壁面約五〇メートルにわたって浮彫されているが、写真はその中心部分である。大亀の背に乗り、上方のダンヴァンタリからアムリタを受け取るヴィシュヌ、その後ろのマンダラ山を巻く蛇を、右側の神々八八人と左側の悪魔（アスラ＝阿修羅《あしゅら》）九二人が腕と脚に力をこめて引く。

図２　乳海攪拌
（アンコール・ワット第一回廊／12世紀前期）

少し様式化された人物群がダイナミックに構成され、的確な彫法と相まって、生気にあふれている。クメール美術の芸術的水準の高さを如実に示す一例である。

多くの首なし仏像の発見

冒頭に江戸初期の森本右近太夫（佐太夫）について書いたが、今世紀に入ってからも、日本人が関係する重要な出来事があった。それは一九九一年以来、アンコール遺跡群を調査している、石澤良昭教授を隊長とする上智大学隊が、アンコール・トムから二〇〇一年に二四七個の首なし仏像を発見したことである。

図3　バイヨンの人面塔
（アンコール・トム／13世紀初期）

スーリヤヴァルマン二世がアンコール・ワットを建造した後、ジャヤヴァルマン七世（在位：一一八一～一二一九年頃）はアンコール・トムを造営した。周囲を一二キロの環濠が取り巻き、高さ八メートルの城壁と五つの城門があり、城内に観世音菩薩を祀る中心寺院のバイヨン寺院（図3）を擁し、王宮のほか多くの仏教寺院や祠堂が遺存する。

ジャヤヴァルマン七世の後を継いだジャヤヴァルマン八世は、ヒンドゥー教を信奉し、仏教寺院をヒンドゥー寺院に変えた。その際、多くの仏像を破壊したが、上智大学調査隊が発見した二百数十体はその一部である。しかし不思議なのは、仏像の首が切断されているのに、顔などはあまり損傷を受けていないことである。おそらく廃仏を命じた王の意向に従った家臣たちが、仏像にたいする愛着をまだ保持していたのだろう。

アンコール時代はカンボジアが最も繁栄した時代で、王たちはさかんに外征をおこなって版図が拡大し、壮大な寺院を次々に造営した。一二九六年、この地を訪れた中国人の周達観はその繁栄ぶりを『真臘《しんろう》風土記』に書き残している。そのなかに「王は鉄の鎧《よろい》を身につけている」とあり、繁栄の基盤は鉄製武具に代表される軍事力と、鉄の各種道具と、バライと呼ばれる「田越灌漑《たごしかんがい》」による米の三期作にあった。たとえばアンコールの建築物には石と石を結合するための鎹《かすがい》などに大量の鉄が用いられている。

8　江南（中国）
名水をたずねて水郷を行く

山水、河水、井戸水

　京都府宇治市の宇治橋の中程に、南側の欄干を広さ一坪ほど張り出した「三の間」がある。ここはむかし橋姫祠のあったところで、豊臣秀吉が「水質清漉、茶味に適せり」といって、桃山在城のとき、茶に用いる水を必ずここから汲ませた。このことは茶と水との密接な関係を物語る。

　唐時代の陸羽《りくう》は『茶経』のなかで茶水を論じている。彼は山水が上で、河水が中、井戸水が下であるという。また山水でも、泉や池のゆるやかに流れている水が上等で、湧《わ》きかえる滝の水や早瀬の水はよくないとする。山の谷間に流れこんで流れ出ない水は、炎暑の頃から霜の降りる秋の終わりまでのあいだは、腐敗しがちであるから、その毒を除いて飲むべしと説く。また河水はなるべく人里はなれたところのものがよく、井戸水はさかんに汲み出すものを良しとする。

　陸羽は主として停浸を悪《にく》んで泉源を喜ぶ。したがって井戸水なら汲み出すことの多い水をとり、川は長い流れでもあちこちの沢山の水が混じりあって動いているから、山水につぐのである。

　私はこれまで江南（長江下流部の南岸地域）を数度旅しているが、一九九〇年春には史書にある天下の名水をたずねた。つまり、茶に適する水として昔から有名なところを訪れ、故事をしのび、茶を

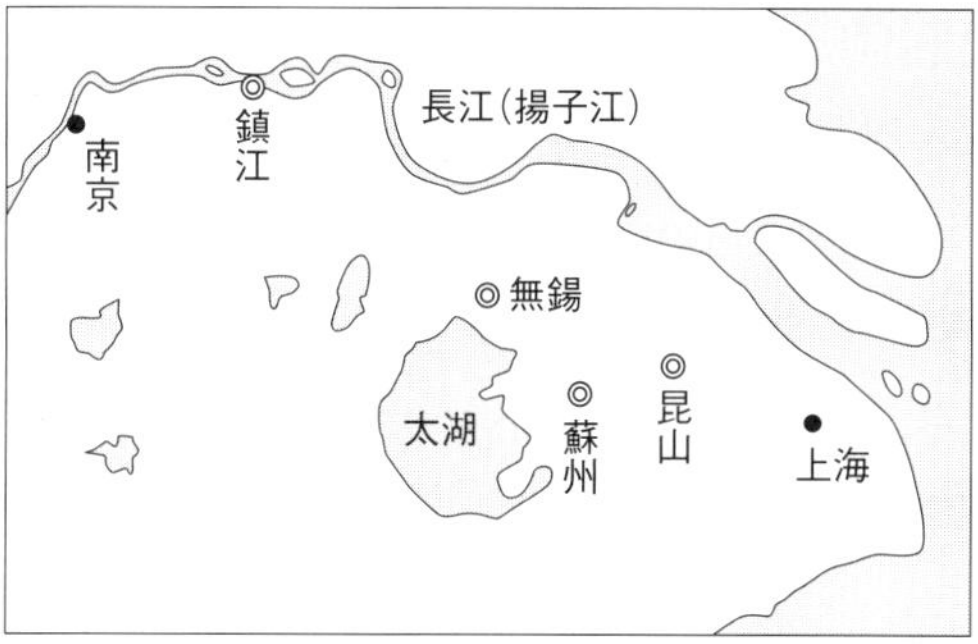

賞味しようというわけである。桜には早かったが、梅、木蓮、連翹《れんぎょう》が咲きほこり、牡丹が真っ赤な新芽を出していた。上海、蘇州、無錫、鎮江など、船と汽車とバスを乗りついでの旅であった。

数々の茶水論

中国では陸羽のほかにも、唐代の張又新《ちょうゆうしん》『煎茶水記』、宋代の徽宗《きそう》『大観茶論』、欧陽修《おうようしゅう》『大明水記』、明代の田藝蘅《でんげいこう》『煮泉小品』、許次紓《きょじしょ》『茶疏』など、数々の茶水論がある。そのなかに、各地の水の優劣を論じたものがある。

張又新『煎茶水記』によると、劉伯芻《りゅうはくすう》は茶によく合った水として七つをあげ、陸羽は二〇か所の水をあげているという。劉伯芻の七水とは、揚子江の南零の水が第一、無錫の恵山寺の石水が第二、蘇州の虎丘《こきゅう》寺の石水が第三、丹陽県の観音寺の水が第四、揚州の大明寺《だいめいじ》の水が第五、呉淞江《ごしょうこう》の水が第六、淮水《わいすい》が第七である。このうち六水が陸羽の二十水のなかに入っているが、第二位の無錫恵山寺の水を除き、ランクづけはだいぶ異なる。すなわち虎丘寺が第五、南零が第七、観音寺が第十一、大明寺が第十二、呉淞江が第十六である。

しかし張又新のいう陸羽の二十名水は、先述の『茶経』に述べられた彼の意見と矛盾する点が多い。したがって欧陽修『大明水記』によって、これは張又新の作り話であり、また張の説には基準がないから妄説であると非難された。

南零の水にまつわる話

『煎茶水記』はまた、こんな話を伝えている。

代宗皇帝のとき、李季卿が湖州の刺史《しし》となって赴任の途中、維揚というところで陸羽に逢った。李はかねてより陸羽の名声を聞いていて、旧知のように彼を遇したので、陸羽も湖州まで彼と同行することとなった。その途中、揚子駅に一泊した。食事のあと、李がいった。

「あなたが茶の奥儀をきわめていることは天下にきこえている。まして揚子南零の水といえば、またとない佳き水だ。今日は、人の妙と水の妙との二つが、幸運にも合したわけだ。まさに千載一遇の好機だ。さあ、これから、南零の水を汲ませてきて、茶を飲もう」

李は従者に舟を漕ぎ、南零の水を汲んでくるように命じた。やがて、宿で陸羽が茶器を清めて待っていると、水が到着した。陸は杓でその水を茶器に移して、一碗喫した。そしていった。

「この水は江水に違いないが、南零の水ではない。岸辺の水のようだ」

使いの者が滅相もないという顔つきで、「私は舟を漕ぎ、ずっと遠くまで行きました。岸では一〇〇人もの人が物珍らしげに見ていましたから、どうして嘘がつけましょう」と反駁した。

陸羽はそれには一言も答えず、杓で水を汲みあげながら、人びとにすすめたり、自らも味わっていた。程なく、壺の水が半分ぐらいになった頃、突然大声でいった。

「これからが南零の水だ」

すると使者は大いに驚き、陸羽の前に平伏した。

「実は南零の水を汲んで岸へ向う途中、舟がゆれて壺が傾き、半分ほど水をこぼしました。水が少ないことを恐れまして、岸の水を汲み加えて、増しました。あなたの舌はまるで神様のようでございます。何ひとつかくすことができません」

この言葉に、李はもとより、居合わせた大勢の客や従者はとびあがらんばかりに驚いた。神業のような陸羽の舌の鋭さに打たれて、李はおそるおそる聞いた。「全く恐れ入りました。そのようなあなたが、これまで経験された、彼方此方の水のお話を聞かせていただければ幸せに存じます」。陸羽はそれに答えて「楚水の水が最高で、晋水の水が最低である……云々」。李は筆をとりよせて、陸羽の口授の次第を書きとめた。

右のエピソードについて、欧陽修は「羽の南零の岸水を弁ずるを述ぶるは、特に其妄を恠《あや》しむなり」と、このことを書いた張又新を非難しているが、彼の言をまつまでもなく、この話に接した私たちも苦笑を禁じえない。しかしそれにしても面白い話ではある。名水で茶を淹《い》れたり、茶水の優劣を論じあったりした、昔の茶人たちの心意気に、羨望の念を抱くのである。

天下第一泉、第二泉、第三泉を訪れて

鎮江の北方に高さ六〇メートルの金山がある。梅の古木の多いところで、有名な民話『白蛇伝《はくじゃ》』の舞台として知られる。山と寺が混然一体となり、宋代の王安石は「数重の楼枕する層層の石、四壁の窓開く面面の風、忽《にわか》に見る鳥の平地より飛び起《た》つを、始めて驚く身の半空中に在るを」と詠じている。

その金山寺で、室町時代の画家である雪舟が修業し『大唐揚子江心金山竜遊禅寺之図』を描いた。雪舟が住んだという建物が現在も残っている。この寺に慈寿塔と呼ばれる八角七層の塔があるが、その西側に「天下第一泉」と刻まれた、石造の泉がある。これが「揚子江の南零の水」である。鎮江の零泉には南零・中零・北零の三零があり、唐代には南零が有名であったが、宋代以後は中零が称揚されるようになったので、これをいわゆる南零に当てた。

『煎茶水記』には、先述のように南零の水を舟を出して汲んで来させる陸羽の故事が語られているが、この話は現在の地形とはあわない。それは金山がもとは揚子江の流れのなかにある島であったのが、百年ほど前から徐々に川岸につながって、陸続きになったからである。

無錫の西郊に錫恵《しゃっけい》公園がある。恵山を背景にした景勝地で、人造湖や太湖石を用いた庭園が美しく、折りから梅が満開であった。この恵山寺に劉伯芻と陸羽が第二にあげている名泉があり（『煎茶

図１　「天下第二泉」
（恵山寺／無錫）

図２　虎丘剱池
（遠景に「斜塔」／蘇州）

水記』による)、元代の趙孟頫《ちょうもうふ》の筆になる「天下第二泉」の石刻がはめこまれている(図1)。

蘇州に名高い虎丘がある。この名称は、春秋時代の呉王・闔閭《こうりょ》の葬式のとき、白い虎が丘の上に来て墓を守るために坐ったことに由来する。千年ほど前に建てられた、丘上の八角七層の磚塔は十五度ほど傾いているので、『虎丘斜塔』と呼ばれる。ここの虎丘寺に「天下第三泉」があり、また憨憨泉《かんかん》と称される名泉もある。図2は虎丘の剱池入口から虎丘斜塔(雲巌寺磚塔)を眺めたところ。剱池という名称は、三〇〇〇本の剱を副葬したと伝えられる闔閭墓を、秦の始皇帝と呉の孫権が剱を掘り出そうとしたが果たせず、うがった穴が池になったことに由来する。

茶を賞味する人たち

このようにして、私は天下の名水のうち第一から第三までを訪れた。鎮江、無錫、蘇州はいわゆる江南水郷地帯にあり、湖沼が密集し、河川や運河が網の目のように通じている(図3)。したがって、茶にあう良質の水も豊富に得られるわけである。私はこれらの名水による茶を味わった。茶の淹《い》れ方は、蓋つきの取っ手のある茶碗に茶葉を入れ、上から湯をそそぐ。この地方特産のジャスミン茶で、少し飲むと、直ちに熱い湯をそそいでくれる。私は寺などで茶の接待をうけたが、中国の人たちは魔法瓶を持参してきて、湯を売る店で買う。一升(一・八リットル)が二角(約三〇円)。また公園の入口ではガラスコップ入りの熱い茶を売っている。これも一杯が二角。蘇州の公園では丸テーブルをかこみ、ガラスコップの茶を飲みながら、ときにはスイカやカボチャの種をつまみにして世間話に花をさかせる人たちが大勢いた。

本格的な茶のいれ方は「茶芸」といって、専用の小型の急須や茶碗を用いる。まず、急須（または茶碗）に湯を注ぎ十分に温める。ついで湯を捨てて、急須にティースプーン二杯ほどの茶葉を入れ、蓋をする。少し蒸らしてから蓋をとると、爽やかな香りが漂う。その後、茶葉が隠れるぐらい湯を注ぐが、湯はすぐに捨てる。一煎目は茶葉を開かせるのが目的だからである。そして改めて湯を注ぎ、茶葉が七割ほど開いたら飲み頃で、湯冷ましに移してから、茶碗に入れる。

透明感のある淡い緑の茶を目で味わいつつ、口に含む。まろやかな味の茶を飲み干して、空《から》の器をかいで残り香を楽しむ。このように、まず蒸らして香りを味わい、一煎目で茶葉を開かせ、二煎目で

図3　昆山付近の運河

味を堪能し、最後に余韻を賞味する。

ちなみに、このように現在は淹茶《えんちゃ》（淹《い》れ茶）が飲まれているが、これは明代に始まる。それ以前の唐代は団茶、宋代は抹茶が飲まれた。団茶とは、蒸した茶の葉を臼で搗《つ》いて、団子状または板状に固め、それを削って煮だす。陸羽は『茶経』でその製法をくわしく書いている。

昔も今も中国は茶の国である。

Ⅲ　アフリカ

1　アドラール・デ・ジフォラス（マリ）

砂漠の真ん中の象の刻画

猛烈な砂あらし

一九六九年末、アフリカのマリ共和国のアドラール・デ・ジフォラスで、猛烈な砂あらしに見舞われた。午後一時なのに夕暮れのように暗くなり、数メートル先が見えない。小一時間ほどして砂塵が止むと、再び太陽が照り、気温も上昇した。冬（十一～三月）にサハラ砂漠から吹いてくる風で、ハルマッタンと呼ばれる。私にとっては難儀な砂あらしだが、現地の人たちは「ドクトゥール」（ドクターのフランス語）といって歓迎している。というのは、雨期の蒸し暑い風とちがい、乾燥していて涼しく、心地好いからである。

アドラール・デ・ジフォラス地方はサハラ砂漠の南部にあり、北はアルジェリア、東はニジェールに接している。アドラールとはトゥアレグ語で「山」の意で、イフォラスはトゥアレグ人の支族名である。このことが示すように、この地方は黒い花崗岩の巨大な塊が積み重なる丘が散在する砂漠である（図1）。昼間の強い太陽光線で熱せられた岩山が、夜間に急に冷える激しい温度差によって次々に割れ、このような巨石の集積となった。花崗岩の表面が黒いのは、長年月にわたり太陽光線に焼かれたためで、岩の内部および砂に埋まった部分は白い。この岩石内外の色のちがいを利用して刻画がつくられた。

この刻画には次の四種の技法がある。(1)形象の輪郭を線刻したもので、線がとぎれないもの。刻線には断面が鋭いV型のものと、浅くにぶいU型とがある（図2）。(2)形象の輪郭が線刻されたあと、輪郭線内部表面が磨かれた刻画。この研磨は形象全体におよぶこともあれば、その一部だけのこともある。(3)形象のまわりの空間を刻んで、形象を浮きだす、いわゆる薄浮彫の技法。しかしこの技法を示す刻画は比較的少ない。(4)敲打《こうだ》法による刻画で、一種のたたき彫りである。かかる点刻による輪郭線は一本の連続した線とならずに、とぎれとぎれとなり、形象全体を敲打したものは影絵的表現となる。点刻による輪郭線の場合、小さな刻点が規則的に連続するものと、大きな刻点が不規則に連なる

図1　アドラール・デ・ジフォラスの景観
ラトラト

図2　象の刻画
（イン・フリット／前5千年紀）

ものとがある。

以上四つの技法は、単独にではなく、結合して用いられることが多い。線刻または点刻の輪郭線内の空間は、自然の岩盤のままに残しておくこともあれば、そこを磨いたり、あるいは点刻で動物の皮膚や人物の衣服などをあらわす場合がある。

象の刻画

行政の中心、キダルの北方一七〇キロほどのところに、イン・フリット遺跡がある。インはトゥアレグ語で井戸の意で、アラビア語のハシにあたる。ここには二つの岩山があり、おびただしい数の動物像、人物像、文字が刻まれている。ここで私はなかば砂に埋まっていた象の線刻画を見出した。シャベルで砂を除くと、耳を立て、牙をつき出して、ゆったり歩むアフリカ象の全容があらわれた（図2）。大きな耳、太い脚、小さな目、そして短小な跳ねた尾。細部を省略して、一線彫りで象の特徴を適確にとらえ、ユーモラスな趣きさえある。

一木一草とてない、まったく乾き切った砂漠の真ん中にある象の刻画。これは明らかにこの地方が湿潤で、象が多く棲んでいた頃のものであることを示している。それには、多くの水を必要とする水棲動物の河馬の刻画が見出されることからも分かる。

馬のひく戦車

アドラール・デ・ジフォラスの岩面刻画は、象や河馬、そしてジラフや羚羊《れいよう》などの野生動物のほかに、家畜化された牛、馬、ラクダをもあらわしている。したがって制作年代は紀元前六千年紀の「狩猟民の時代」から、「牛の時代」（前四〇〇〇～一五〇〇年）や「馬の時代」（～前二〇〇年）を経て、現在も続く「ラクダの時代」におよんでいる。

その「馬の時代」の刻画のなかに、特異な表現の二輪車がある。車の両側に二頭または四頭の馬があらわされ、ときにはもう一頭の馬が後ろに刻まれる。岩面画に描かれ刻まれた馬車はサハラ各地で見出されているが、それらをつなぐと、地中海のスルト湾岸（トリポリ）～フェザン～タッシリ・ナジェール～ホガール～アドラール・デ・ジフォラス～ニジェール河畔（タウアルデ）とたどることができる。では、このルートを通ったのは何者で、いつのことなのか。

西スーダンの住民は十九世紀まで車を知らなかったので、かれらとはちがった文明に属する人たちであったことは確かである。

ヘロドトス（前五世紀のギリシアの歴史家）はリビアのガラマンテス人が四頭だての馬車でトログロデュタイ人狩りをすると書いている。この記述を信じると、先述の馬車の彩画や刻画はその頃のものとなる。しかし私は四肢を大きく前後にのばして飛走する馬のスタイルがミュケナイ美術様式に酷似しているので、作者はクレタ島からサハラに馬を受け入れたクレタ系リビア人ではないかと考えている。この問題を解く鍵は、この時代の岩面画にあらわれる「リビア文字」の解読とその起源に求められよう。

古代都市タデメッカ

アドラール・デ・ジフォラスのトゥアレグ人のあいだにひとつの伝承が残っている。それは、昔この地方にかれらの首都タデメッカがあったが、ソンガイ王国に滅ぼされ、そしてソンガイは別のところに町をつくったが、やがてアラブ人によって破壊されたというのである。

キダルの北西約三〇キロのタロホスに井戸があり、数十人のトゥアレグ人が住んでいる。このタロホスと、その北西約四キロのイン・タデイニとのあいだに、かつてかなり広い町があったらしく、その廃墟が点在している。また多くの墓があるが、ほとんど非イスラームの大きな塚である。

イン・タデイニの北西二〇キロに広大な街の廃墟と墓が残る、エス・スクがある（図3）。住居は石造りであり、墓の多くはアラビア文字で碑文が刻まれたイスラーム教徒のものである。エス・スク

図3　ソンガイ人の石造住居跡
（エス・スク／15〜16世紀）

で私は多くの土器の破片を収集し、後でナイジェリアのイバダン大学アフリカ研究所で調べてもらったところ、ソンガイ王国のものであった。したがって先述の伝承に即していえば、エス・スクに残る壮大な石造遺跡はイスラーム教徒のソンガイ人のものであり、非イスラームの墓のあるタロホス近くの遺跡は古代タデメッカのものとなる。では、それらの建設時期はいつか。

ガオを首都とするソンガイ王国が、イスラーム教を奉じるアスキア・モハメッド王の治下に最大の版図を誇り、アドラール・デ・ジフォラスを支配したのは、十五世紀から十六世紀にかけてであった。したがってエス・スク市街の建設時期はだいたいその頃と考えられる。そしてタロホス近くの遺跡については、この地が先述のスルト湾〜ニジェール川のルートの南限であることに注目したい。つまり二頭もしくは四頭びきの馬車が往来した、古代サハラ縦断の目的地は、このタデメッカであると考えたい。なぜなら、ここから北北東四五〇キロのところにティム・ミサオの泉があり、さらに北東二五〇キロのホガール山中に多くの湧水地があって、しかもこのルートは馬車の使用が可能な地盤であるから。しかしタデメッカの建設時期は分からない。

トゥアレグ人の生活

このようにして、かつてサハラの隊商ルートを支配して栄えたトゥアレグ人は、ソンガイ人に征服され、さらにアラブ人の侵入をうけて衰えた。しかしかれらは新しい支配者を受け入れるよりは、よ

図4　トゥアレグの貴族(キダール)

り不毛な山地に退くことを選んだ。

アドラール・デ・ジフォラスでは近年ウラニウム鉱が発見され、わが国の動燃（動力炉・核燃料開発事業団）が採鉱に協力している。しかし私が訪れた四五年前、キダルの人口は約二〇〇人で、役人と軍人とその家族が主であり、奥地に人数不明のトゥアレグ人が散在していた。かれらはいくつかの井戸の近くにテントばりの家をたて、ラクダや羊とともに放牧生活をしている。家のなかをのぞくと、内部はよく整頓され、ラクダの皮製のベッド、鞍、家具などがあり、美術的にもすぐれている。トゥアレグ人はピラミッド型の厳格な階級制度を有し、これらの工作品をつくるのは下層に属する人たちである。そして上層階級の人たちは、金の刺繍をほどこしたベールをかぶり、青と純白の衣をつける（図4）。ここから「青衣のトゥアレグ人」という呼称がうまれた。砂漠という環境において、このような洗いたての衣をつけることは、この上ない贅沢なのである。

2　デンデラ（エジプト）
優美、端正なクレオパトラ浮彫像

アレクサンドリアからデンデラへ

二〇〇八年五月、アレクサンドリア（現地ではアラビア語でイスカンダリーヤと呼ぶ）からルクソールへ飛行機でとんだ。ルクソール北方のデンデラにあるクレオパトラ像（図1）を見るためである。カイロではなくアレクサンドリアを起点にしたのには訳がある。ここが彼女ゆかりの地だからである。

アレクサンドリアは、アレクサンドロス大王が征服した各地に自らの名を冠して建設した都市の一つで、その起源は紀元前三三二年にさかのぼる。大王が死んでその帝国が分裂すると、将軍の一人であったプトレマイオスがエジプトを支配し、ここを首都とした。このマケドニア人のプトレマイオス王朝は、クレオパトラ女王の死まで、アレクサンドリアを中心に栄えた。五〇万冊の蔵書を誇った大図書館、学術研究のためのムセイオン（ラテン語ではmuseumで、これが後世、博物館や美術館を意味する語となった）などがつくられ、優れた学者や芸術家が多く出て、学芸の中心として名声をとどろかせた。

クレオパトラはアレクサンドリアで今も慕われている。路面電車の「クレオパトラ駅」があり、タ

図１　クレオパトラ（左）とカエサリオン（右）（ハトホル神殿外壁／前１世紀）

バコの名称にもなっている。しかしその宮殿は度重なる地震で海中に没してしまい、彼女の面影を偲ばせるものは、貨幣の横顔ぐらいにしか残っていない。かくしてデンデラのクレオパトラ像が注目されるのである。

ルクソールでタクシーをチャーターしてデンデラへ行こうとしたが、勝手に行けないとのこと。外国人観光客の乗るタクシーやバスは警察署前に集まって、パトカーの先導で行くきまりなのである。かつて日本人観光団が襲撃されて多くの死者が出たことから、外国人をテロから守るためである。このときはタクシー数台、マイクロバス一台の編成であったが、対向車はもとより先行車もすべて停止してくれるから、ルクソール〜ケナ間六〇キロは一時間たらずで行けた。このあたりは砂糖キビ畑が多く、それを運ぶトロッコの線路を幾つか横切った。ケナから西へ約二キロ行くとデンデラである。ナイル川はエジプトを南北に真っ直ぐに流れているが、東に弧をえがいている地点が一か所ある。そこがデンデラである。

厖大な浮彫で飾られたハトホル神殿

遺跡は東西約一二〇〇メートルの平行四辺形の周壁にかこまれている。ローマ時代の門をくぐり、ローマ時代の誕生殿、コプト教会、ネクタネボ一世の誕生殿を右に見ながら中庭を抜けると、大きなハトホル神殿がある。そしてその神殿の後ろに小さなイシス神殿、右方に聖なる池がある。

ハトホル神殿はプトレマイオス王朝時代に古い神殿を再建して築かれ、その後増築が施されて、アウグストゥス帝の時代に完成した。ハトホルは「ホルスの家」を意味し、ホルス（タカの姿をした最高神で、国王はホルスの化身《けしん》）の母、国王の保育者、愛と美の女神、シカモア樹の精など多くの属性を有する。ハトホルは牝牛、牛の角と耳をつけた女性（図2）、太陽と牛の角を頭上にいただく女性などの姿であらわされ、しばしばイシス女神と混同された。崇拝の中心地はメンフィス、ガバレイン、エドフなど多数あり、デンデラもその一つであった。ギリシア人はハトホルをアフロディテ（ローマ名ウェヌス、英語名ヴィーナス）と同一視した。

ハトホル神殿の正面は大列柱室で、列柱は柱頭に牛の角と耳をつけたハトホル女神を象《かたど》る（図2）。その奥に第一・第二前室、至聖所、地下室がある。前室や地下室の壁や天井に彩色浮彫で神話や天体図が隙間なくあらわされている（図3）。そして神殿の南外壁（高さ一三メートル、幅約三五メートル）の左端に、クレオパトラ七世とその息子カエサリオン（小カエサル）の浮彫が刻まれている（図1）。これらの浮彫の保存状態は良好で、壁や天井の浮彫の色彩も残っていて、古代エジプト美術のなかで当初の様相を最もよくとどめている神殿の一つである。

カエサリオンはカエサルとクレオパトラとのあいだにうまれ、十七歳で殺されたが、ここでは成人した王としてあらわされている。のちにプトレマイオス十五世となったからである。彼はハトホル女神の牛の角をつけ、王位を象徴する複合冠をかぶり、香炉を手にしている。その後ろのクレオパトラは牛の角のあいだに太陽をいただく、ハトホル女神の冠《かんむり》をつけ、右手に聖なる楽器シストルム（が

図2　大列柱室前面のハトホル柱
（ハトホル神殿／前1世紀）

図3　前室の彩色浮彫壁画
（ハトホル神殿／前1世紀）

らがら）、左手に首飾りメナトを持っている。カエサリオンの後ろ下方に、彼の「カー像」（後述）が小さく刻まれ、彼の前には供物《くもつ》の山が図式的にあらわされている。

二人の姿勢、衣裳、銘文などは伝統的慣習にしたがっているが、それには政治的な理由もある。というのは、ギリシア人のプトレマイオス朝の王や女王は、エジプト人の忠誠を得るためには自らをファラオの神性の後継者としてあらわす必要があったからである。このように二人の浮彫は伝統様式による堂々たる大作であるが、あまり威厳を感じさせず、むしろ優美さがただようのは、時代性の故である。なお、ここに刻まれているカルトゥーシュ（王名をかこむ楕円形の輪郭）がJ＝F・シャンポリオンのヒエログリフ（聖刻文字）解読に役立った。

ところで、先述の「カー像」について、少し述べる。古代エジプト人はセト（肉体）とカー（霊）が一体となって人間を形成すると考えた。セトとカーはまったく同じ姿をしているが、カーは目に見えない。したがってセトを人間の顕体とすれば、カーは幽体である。人が死ぬということはセトが死ぬことであって、カーは不死である。しかし死後あの世でカーだけでは生きられないので、セトをミイラとして保存した。ところがミイラは深い地下の玄室に秘蔵されたので、別に死者の生前の姿を彫刻でつくり、地上の聖堂内の密室セルダーブに置いた。この彫像はカー像と呼ばれる。この彫像があれば、万一ミイラが腐ってなくなっても、カーの宿るべき肉体が残ることになる。したがって彫像はセトの身代わりでもあり、古王国時代のほとんどの人物彫刻はカー像である。しかし王朝末期になるとカー像も因襲化して本来の意味を失ない、デンデラの例のようになった。

クレオパトラに魅了されたカエサル

クレオパトラとカエサリオンに戻ろう。クレオパトラはマケドニア系ギリシア人でギリシア語を母国語としたが、多くの言語に通じていた。例えば、エティオピア人、トログロデュタイ人、ヘブライ人、アラビア人、シリア人、メディア人、パルティア人と自由に話したといわれる。そして彼女の思惑はエジプト支配を確保すること、そのためにはローマの中枢権力に近づき、ローマと同盟を結ぶことである。

その目的をとげる最初の機会は、前四八年、カエサルがアレクサンドリアに着いたときに到来した。彼女はカエサルに取り入って、弟王プトレマイオス十三世との戦いにカエサルの支援を取りつけ、勝利した。そして王位に復帰した。

プルタルコスの記述によると、そのとき彼女は地方に追われていたが、一人の部下だけを伴なって小舟に乗り、夜陰に乗じて王宮に舟をつけ、寝具袋のなかにひそんでカエサルのもとに運ばれた。彼女の妖艶さと甘美な声の知的な会話にカエサルは魅了され、恋におちた。カエサル五二歳、クレオパトラ二一歳であった。二人のあいだにカエサリオンがうまれた。

やがてローマに戻ったカエサルの招きで、クレオパトラは彼の別荘に迎えられた。当時、カエサルは世界帝国の野心を抱き、アレクサンドリアへの遷都を考えていたと伝えられるが、これはクレオパトラの影響である。このことも原因の一つとなってカエサルは暗殺され（前四四年）、クレオパトラはアレクサンドリアに帰った。

恋のとりこになったアントニウス

シェクスピアは『アントニーとクレオパトラ』で、彼女を、色香でアントニウス（カエサルの腹心で、その後継者と目された将軍）を手玉にとった妖婦のように書いている。妖婦だったかどうかはともかく、彼が恋のとりこになったことは事実である。前四一年、アントニウスは彼女を査問すべき事柄があってキリキアのタルソスに呼びつけた。彼女はその富と才覚による、贅をつくした趣向で、アントニウスを魅惑した。まもなく二人は政治を忘れ、その後の数か月をアレクサンドリアで快楽にふけった。

その後、アントニウスはローマ法にしたがって、オクタウィアヌス（のちのローマ初代皇帝アウグストゥス）の姉オクタウィアと結婚した。ところが、前三三年クレオパトラと正式に結婚し、二人のあいだの男女の双生児を嫡出子として認知した。そして彼はフェニキア、アラビア、クレタその他のローマ領をクレオパトラに贈与し、キュレネとキプロスをエジプトに返還した。

二人の結婚はオクタウィアヌスとローマ人を憤激させ、ローマはクレオパトラに宣戦を布告した。両軍の決戦はアクティウムの海戦でおこなわれたが（前三一年）、クレオパトラは戦いなかばで逃走し、アントニウスもそのあとを追って、敗北した。翌年、オクタウィアヌスのアレクサンドリア占領と同時にアントニウスは自殺し、数日後クレオパトラも毒蛇に胸にかませて命を絶ち、エジプトはローマ領になった。エジプト国王の守護神である蛇によるクレオパトラの自殺は、古代エジプトの最後を象徴的に示している。そして後世、その死の場面は好個の画題として多くの画家たち、例えばG・カニャッチ（一六〇一～六三年）などによって描かれた。

147——2　デンデラ(エジプト)　優美、端正なクレオパトラ浮彫像

妹のアルシノエとの確執

二〇〇九年三月、アメリカで催された学会で、オーストリアの法医学者F・カンツなど三人による、クレオパトラに関連する興味深い発表があった。それは彼女の唯一の妹アルシノエの遺骸の研究である。彼女の遺骸はトルコのエフェソスの墓から見出されたが、なぜエジプトから遠くはなれたところに埋葬されたのか。

前一世紀、地中海世界ではローマが周辺諸国をつぎつぎに征服し、残るのはエジプトだけになった。そこでクレオパトラはローマと同盟を結んで存続しようとし、先述のようにカエサルやアントニウスに近づいた。しかし妹は独立を貫こうとした。前四八年、両者のあいだに戦いが起き、アレクサンドリアは血の海となった。初めは妹の方が優勢で、一時彼女は女王となった。しかしクレオパトラに味方したカエサルの援軍が来て、アルシノエは敗北し、クレオパトラが再び女王となった。

捕えられた妹が連れて行かれたのがエフェソスである。彼女はそこで余生を送るはずであったが、悲劇的な末路をとげる。『ユダヤ古代誌』（ギリシア語）は「クレオパトラはアルシノエをアントニウスによって殺害させた」という。クレオパトラとアントニウスの仲は先に書いた通りである。

では、この記述は事実かどうか。アルシノエは身長一五四センチの細身であり、その遺骨には病気で死んだ若い人の骨にあるハリス線がなく、また外傷もなかった。したがって先述の法医学者たちは速効性の毒で殺されたのだろうという。そして彼女を殺し得るのは実力者のアントニウス以外に考えられない。クレオパトラとアルシノエの姉妹が、自殺ないし他殺のちがいこそあれ、ともに毒によって死亡したことに、運命の暗合を感じるのである。

3 アクスム（エティオピア）
プレスター・ジョンの国

大阪万国博覧会と「叛博」

一九七〇年の大阪万国博覧会に、日本政府が美術館をつくることになり、私は専門調査員を委嘱された。そして前年の三〜四月、作品選定と出品交渉のためにアフリカ諸国を訪れた。アルジェリア、アラブ連合（エジプト）、エティオピア、スーダン、ナイジェリア、コンゴ（ザイール）、ガーナ、コートジヴォワールである。

当時、大学紛争がふきあれており、私が勤務する京都市立芸術大学も例外ではなかった。学生たちのスローガンは「叛博」、すなわち万国博反対であった。万国博は文化権力の象徴だからである。したがって万国博に参画することは学生たちの批判を招くことになるが、私は敢えて積極的に協力した。したがって学生集会で糾弾されたが、私は次のようにのべた。

「アフリカ美術といえば、多くの人は、比較的あたらしい、近代の木製の仮面や祖霊像などの、いわゆる「黒人彫刻」を思いうかべるだろう。しかしアフリカ美術はなにも黒人彫刻に限られず、またそれがアフリカ美術を代表するものでもない。それはちょうど浮世絵がわが国唯一の美術ではなく、また日本美術を代表するものでないのと同じである。アフリカでは一万年前から活発な美術活動がお

こなわれており、絵画・彫刻・工芸の各分野にわたる多くの作品が残されている。それらを万国博覧会に請来、展示して、「暗黒大陸アフリカ」とか「未開なアフリカ人」とかいうイメージを変えたい」と。

すると、全共闘の委員長が反駁した。「なぜ万国博でやるのか。普通の美術館でも百貨店でも展示することができるではないか」と。それにたいして私はいった。「大阪万国博の入場者数は三〇〇〇万～五〇〇〇万人と予想されている（実際は六四二一万八七七〇人となった）が、万国博美術館に来る人がその一割としても数百万人がアフリカ美術を見ることになる。百貨店のアフリカ美術展にどれだけ観覧者が来てくれるか」と。そのいきさつはヨシダ・ヨシエ『戦後前衛所縁荒事十八番』（ニトリア書房、一九七二年）にくわしい。

万国博美術展のための旅

万国博美術展の出品交渉のため、暖房のあるアルジェのホテルから、クーラーがフル作動する西アフリカのホテルまで、一か月弱で八か国をかけまわって、私の季節感は麻痺してしまった。とくに高度二四〇〇メートルのアディス・アベバ（エティオピア）から、ジェット機でわずか一時間半の、スーダンのハルツーム空港に着いた時の猛烈な暑さには閉口した。アディス・アベバの気温が一〇度、ハルツームのそれが四五度だったから。

私は各国の首都を滞在日数二日ないし三日でかけまわったが、それでいて八か国で四週間というのは計算があわないという人もいよう。それは飛行機などによる移動時間が含まれていないからである。日本列島はたいへん細長いが、それでもジェット機で三時間もあれば縦断できよう。しかしアフリカはきわめて広い。ボーイング七〇七の大型ジェット機でも、アディス・アベバ～ラゴス（ナイジェリア）間はノンストップで六時間もかかる。この距離はアディス・アベバ～デリー（インド）間よりも長い。

この旅で最も痛烈な印象をうけたのは、カイロの国立エジプト美術館である。この美術館は優秀な作品を多く所蔵する、世界を代表する美術館のひとつであるが、イスラエルの空襲にそなえて、館内には土嚢《のう》が積み上げられ、陳列ケースのガラスには縦横にガムテープがはられて、惨憺たるありさまであった。同じカイロのイスラーム美術館でも、作品の疎開が進められていて、館内は建築現場さながらの荒れようであった。古代人ないし中世人の英知の結晶であり、人類にとってきわめて貴重な文化遺産が、戦争という暴力の前におののく様は、涙なしには見られなかった。また、アディス・アベバのハイレ・セラシエ大学付属美術館は、折からの学生ストライキで閉鎖されていて、見ることができなかった。ここには後述するアクスム王国の遺品やキリスト教美術のコレクションがある。

女性坐像とオベリスク

図1の女性坐像に私は苦《にが》い思い出がある。この彫刻は大阪万国博美術展に出品され、博覧会終了後

エティオピアに返還された。しかし梱包を解くと、坐像の両足のところに大きくヒビが入っていた。エティオピア政府の抗議をうけて調査がおこなわれたが、原因がわからず、ボンベイ（ムンバイ）でインド航空からエティオピア航空に積みかえられたときに壊れたのではないかと推察された。出品交渉の際、しぶる博物館関係者を説得して出展してもらっただけに、後味の悪い思いをした。

この女性坐像は、一九五四年にエティオピア北部のマガレ地方のティグレ東方に位置するアディ・ガレモの丘で発見された。礼拝像のような坐像の形式、表現様式、技術は、ハウリティ出土の女性坐像などと共通した特徴を示している。また台座に刻まれた文字は、アラビア半島南部の文字である。この文字は紀元前五世紀から四世紀にかけて用いられたから、この彫刻の制作時期もそのころと思われる。この坐像とともに、香炉、動物小像、青銅の盃などが見出されたが、香炉にはこの台座と同種の文字が刻まれている。

図１　女性坐像（砂岩／高さ 48cm（台座を除く）／前５～４世紀）

エティオピア北部にかつて王国があり、アディス・アベバの北方約六〇〇キロのアクスムにその首都があったことから、アクスム王国と呼ばれる。この国の起源は、紀元前一千年紀の中頃にアラビア半島南部のセム語族のサバ王国から移住してきた人びとにさかのぼる。この移動、定着の目的は交易にあった。そして紀元前後、紅海貿易を支配していたローマ帝国の勢力が衰えると、アクスムはローマにとって代わり、紅海をまたいで現在のエティオピア北部からイエメンにおよぶ王国をつくった。紀元六〇年ころの『エリトリア海周航記』に、アクスムはアフリカ内陸部から運ばれてくる象牙の集荷の中心地であると書かれている。かくしてアクスムの歴史は、エティオポ・サバ時代（紀元前五〜四世紀）、先アクスム時代（紀元前後まで）、アクスム王国時代（七世紀まで）に区分される。

紀元二〜三世紀、アクスムには壮大な宮殿、神殿、住居、オベリスク（一枚石の四角柱／図2）などがあったが、現存するのはオベリスクだけで、他は部分ないし断片しか残っていない。

一三〇あまり遺存する、花崗岩製オベリスクはアクスム近郊の石切場で切り出されたが、なかには高さ三三メートル（図2の倒壊したオベリスク）に達するものがある。そしてその頂上に、三日月と太陽に象徴される、当時の宗教にまつわる半月形が彫刻されたり、石柱の表面に窓や扉のような浮彫がほどこされた。後者の装飾は王の死後の家をあらわすと考えられているが、事実、図2の倒壊したオベリスクの地下には広い空間の王族墓室があった（表面に浮彫のないオベリスクは貴族のものである）。その墓室から象牙、香料、宝石や貴石の装飾品、ガラス製品（二〜三世紀のローマ帝国製）、金貨などが出土した。金貨には先述の組み合わせた太陽と三日月のほか、十字架をあらわしたものもある。このように、アクスム王国は、前掲の女性坐像も含めて、隣国のエジプト（プトレマイオス朝）

やクシュ（メロエ朝）の影響をあまりうけずに、独特の文化を形成した。ただ例外は公的記録のためのギリシア語の使用である。

図2　林立するオベリスクと倒壊したオベリスク（アクスム／1～4世紀）

プレスター・ジョンの国

四世紀にフルメンティオスというシリア人によって、アクスムにキリスト教がもたらされ、当時の王（エザナ）もキリスト教に改宗した。それはアレクサンドリアを中心に発達したコプト派で、それ以後エティオピアではこの派の教義と儀礼が継承された。

キリスト教国アクスムはアトバラ川を通じて、ナイル上流のクシュ王国と交易をおこなったが、クシュの勢力が衰えてくると、交易について過酷な条件をつけ、四世紀前半クシュを攻撃して滅ぼした。その事情は「エザナ王の碑」に詳細に語られている。すなわち、アクスム軍はクシュ軍を圧倒し、二三日間追跡して、石の町メロエに達した。そしてクシュ人を殺し、捕虜にし、石の町も藁屋《わらや》の村も、ことごとく焼いた。またアクスム軍はクシュ人の穀物、青銅、鉄を奪い、神殿にまつられていた神像をこわし、穀物倉や綿の倉庫を焼き、それらをセダ川（ナイル川）に投じた。

ところで、アフリカの内陸部に、プレスター・ジョンという、非常に裕福で力のあるキリスト教の君主がいるという話が、中世ヨーロッパにどこからともなく伝わった。十五世紀になって、かの航海王エンリケが多くの探検家をアフリカやインドに派遣した際、プレスター・ジョンの探索を命じた。エンリケは敬虔なキリスト教徒で、十字軍精神の持主であった。それだけに、アフリカ人をキリスト教徒に改宗させるために、プレスター・ジョンに大きな希望を抱いたのである。

エンリケ王子の事業は、アルフォンソ五世やジョアン二世が継いだ。したがってかれらが派遣した数々の探検隊には宣教師を随伴させた。喜望峰の発見者であるバルトロメオ・ディアスも、プレスター・ジョンと連絡をつけることを命ぜられていた。ディナスのあとを継いだバスコ・ダ・ガマも同様であった。ガマの一行は、喜望峰をまわり、アフリカ東海岸を北上しながら、各地でプレスター・ジョンの噂をきいた。しかしその国へ行くには、ラクダに乗って広大な地域を旅しなければならないとのことだった。

プレスター・ジョンの国がエティオピアらしいと考えられるようになったのは、以上のような数々の探検行の後である。一五二〇年、中央エティオピア高原を旅していたポルトガルの探検家肌の宣教師フランシスコ・アルバレスは、そこが敬虔なキリスト教国であることを知った。エティオピアは前述の如く、西ヨーロッパよりも早く、すでに四世紀前半にキリスト教国になっていたのである。

アークがあらわれる日

アクスムの南方二五〇キロ、アディス・アベバの北方三五〇キロのラリベラに、岩床をくり抜いてつくった一一の岩窟聖堂がある。岩層を方形に深く掘り、その中央部を内部外部とも普通の野外聖堂

図3　ギヨルギス聖堂(ラリベラ／13世紀)

と同じ構造につくったものである。これらは十三世紀にラリベラ王の指揮のもとにつくられ、図3はそのひとつギヨルギス聖堂を上から見たところである。縦・横・高さはいずれも一二メートルで、屋根は十字架の形につくられ、さらに幾つもの十字が刻まれている。地下聖堂へ行く通路は、岩盤を掘削してつくった狭いトンネルになっており、写真の左方に見える長方形の穴が入口である。聖堂内部に十二使徒が浮彫され、組紐文などの線彫装飾が柱や窓にほどこされている。これらはもちろん岩から彫り出されたものである。

アクスムのオベリスクのひとつは、一九三五年にイタリアがエティオピアを侵攻した際に三つに切断され、戦利品としてローマに持ち帰られた。それは二〇〇五年にユネスコの協力によってアクスムに返還されたが、一六〇トンもあるオベリスクをもと通りに立てるのに難儀した。では起重機のない古代ではどうして立ち上げたのか。現地の人たちは「オベリスクはアークの力で立っている」と信じている。アークとは、『旧約聖書』にモーセの事績として出てくる、十誡を刻んだ二枚の石板が納められた木製の箱のことである。この箱が『ケブラナガスト』〈十三世紀の歴史書で、エティオピアはソロモン王とシバの女王のあいだに生まれたメネリス一世〈前一〇〇〇年ころ〉によって創建されたという〉に、エティオピアにあると記述されている。

現にアクスムでは、キリストの洗礼を祝うティムカット祭に、この箱が秘蔵されている礼拝堂から出されて年に一度だけ人びとの前にあらわれる。そのあと、人びとはシバの女王が沐浴したと伝えられる池に向かう。その水面に十字架が触れた途端、池の水が聖水になると信じられて、人びとは水を浴び、その水を家に持ち帰る。

4 ベニン市(ナイジェリア)

黒人彫刻の古典

二つのベニン

アフリカの空は雨期に晴れ、乾期に曇る。このようにいうと、奇妙に思う人がいるかもしれない。しかし西および中央アフリカの熱帯降雨林地帯では、乾期にはサハラ砂漠から北の季節風が吹き、それにのった砂塵が空をおおう。したがって空の色は灰色である。雨期にはその季節風が弱まるとともに、砂塵が雨に含まれて地上に落ちるから、空の色は青い。

この季節風を西アフリカではハルマッタンと呼ぶが、それがおさまると、とたんに暑くなる。気温は三十数度なのだが、湿気が高い。ナイジェリアのベニン市では湿度九〇パーセントを経験した。一九六九年四月のことである。

ベニン市はナイジェリアの首都ラゴスの東方約二〇〇キロ、ベニン湾海岸から北へ一二〇キロのところにある。ここは十三〜十八世紀、ニジェール川下流西方の森林地帯に強大な王国をつくったベニン王国の首都である。ベニンはその北西一七〇キロのイフェから来たヨルバ人がたてた国であるが、十三世紀にはイフェから独立して、少なくとも十五世紀以後は強力な王国を形成した。

ベニン王国の住民はビニ人である。元来ビニ人はミド・ウェスト州のほぼ全域を領土としたベニン

王国とその周辺に住むエド語を話す人びとを指していた。しかし現在、かれらすべてをエド人と呼び、ベニン王国を形成する人びとだけをビニ人という。

なお、西アフリカのベニン湾に面してベナン（Benin のフランス語よみ）共和国がある。かつてはダホメーといっていたが、一九七五年ベナンに改称した。むかし隣の国で繁栄したベニン王国の栄光にあやかろうとしたわけである。

ベニン市の繁栄

一四七二年、ヨーロッパ人（ポルトガル人）が初めてベニン市に来たとき、そこは「金属細工や木細工がすばらしく巧みな、繁栄した都市国家」であり、「城門から城門まで約一リーグ（約五キロ）」で、「非常に広くて深い堀にとりかこまれた町」であった。その社会は、厳格に区別された四つの階級、すなわち貴族、自由民、耕作義務を負う自由民、奴隷からなり、オバと呼ばれる聖なる王が統治していた。

その後、ベニン市を訪れた初期のヨーロッパ人はみんな、この町の繁栄と華麗さに驚きの念を表明している。一六〇二年に来たオランダ人は次のように書いている。

「この町はとても大きい。町に入ると非常に幅の広い通りがある。舗装されていないが、アムステルダムのワルモース通りより七、八倍ひろいだろう。道は真っすぐに走っていて、曲っていない。長さは約六キロ。町の門を入ると、とても深くて幅の広い堀をめぐらした、厚い土壁の非常に高い堡塁《ほうるい》があった。大通りを行くと、両側にも、これまた真っすぐにはしる多くの広い通りが目に入る。（中略）この町はとても整然としている。（中略）屋内には真っ四角の部屋がある。屋根は真ん中があいていて、そこから貯水用の雨水が流れ落ちる仕掛けだ。この穴は通風や明りとりの役目を果たす。（中略）王の住む宮殿は非常に大きい。宮殿には正方形の大きな広場がたくさんある。広場をかこむ建物は美術品の陳列場になっていて、番人がいる。私は宮殿に入って、四つの大きな広場を歩いた。広場から広場へ行くには門を通らねばならない。（中略）宮殿のいちばん奥にうまやがあり、そこに王の秘蔵の馬がいた。そこへ行くにはずいぶん長くかかった。王はたくさんの兵士をもっている。また紳士が大勢いて、宮殿に参内するときは馬に乗ってくる」

同じくオランダ人ダペルトの一六六八年の文章によると、ベニン市は高さ三メートルほどの城壁にかこまれ、三〇の広い街路にそって宮殿や堅固な家々が並んでいた。これらの住居はそう高くはないが、かなり広い面積をもち、そして長い廊下と中庭があり、また大理石を思わせる、きれいに磨かれた粘土の壁と木の柱列があった。そしてこれらの壁や柱は、青銅製の浮彫板でおおわれていた。家にはしばしば小塔があり、その上に朱鷺《とき》のような鳥の彫刻がのせられていた。

ベニン彫刻の成立

このように繁栄したベニン王国は、一八九七年にイギリスに滅ぼされたが、その際に持ち帰られた戦利品のなかに、非常に精巧な青銅の人物像や浮彫板が数百点ふくまれていた。あるものは実物大の人間の頭部であり、あるものは人物や動物の彫像、あるものは人物・動物・植物などをあしらった浮彫彫刻であった。高い首輪をはめた男性像は、独特の固い表情をしており、ヨーロッパの十字軍の戦士を思わせた（図1）。

伝承によると、一二八〇年、ベニンの六代目の王（オバ）であるオグオラは、イフェに人を送り、鋳造技術を教える人を派遣してほしいと頼んだ。そしてイグエ・イガという人がベニンに来た。彼はたいへん優秀な人で、多くの弟子を養成するとともに、すぐれたデザインを多く残した。やがて十五世紀および十六世紀初めに、エウアレ王とエシジー王が鋳造技術の改良に力をいれ、かくして十六世紀にベニン青銅器は最盛期をむかえ、いわゆる古典様式をうんだ。

「クイーン・マザー」（図2）はその代表作である。王太后（クイーン・マザー）とは、オバが王位

図1　高い首輪をはめた人頭
（青銅／高さ51cm/18世紀）

図2　王太后像
（青銅／高さ35cm／16世紀）

を継承してから約三年後に、その母に贈られる称号である。これはエシジー王のときに始まったとされる。写真はラゴスのナイジェリア国立博物館の作品であるが、同じ形式のものが大英美術館、リヴァプール博物館、ベルリン博物館にある。したがってこの像が肖像であるかどうかはわからない。

青銅彫刻の種々相

ベニンの美術作品は、青銅、銅、真鍮《しんちゆう》、鉄、象牙、木、真珠などでつくられた、人物像、装飯板、祭儀用品、装身具、楽器、月用品などで多種多様である。しかしベニン美術の本領は、何といっても青銅や真鍮の作品にある。

ベニンの青銅および真鍮の作品は、丸彫と浮彫とに大別できるが、主題はさまざまな人像、頭像、人物と動物と植物をアレンジした浮彫板、鈴、仮面、帯につける小飾板などのほか、豹《ひよう》などの動物、祭儀台、ガラガラ棒などがある。これらは主として最高権力者であるオバの権威を誇示するためにつくられたから、オバはつねに立派な衣服を身につけた姿で、ひときわ大きく表現され、傍らには二人の従者がはべる。ときどきオバの足もとで二匹の豹が向きあったり、オバの足先が魚になっていたりする。後者は海神オロクンとオバとの合体を象徴する。

図3の浮彫板では、円筒形の椅子に坐ったオバが中央にいる。オバは政治的権力者であるにとどまらず、宗教面においてもビニ人最高の地位を占めていた。したがってこれを信じない者は異端者として処刑された。

祭儀の際には奴隷や重罪人が生贄《いけにえ》に供されたが、ときには自由民のなかから自ら生贄になろうと志願する者がいたという。このことはオバの絶大な宗教的権威を示すが、だからこそオバはその名において、いざという時には一日で一〇万人の戦士を動員することができたのである。

ところでこの浮彫では、中央のオバの両手を、左右にひざまずく二人の侍者が支える。しかも二人ともオバと同じ服装をしていて、単なる従者ではなく、身分の高い人のようである。一人は慣例によって、オバの長男でその後継者、すなわちエダイカンである。かれらの高い首飾りが印象的であるが、これはいまもおこなわれているサンゴの首飾りである。全体としてきわめて丹念につくられた浮彫板で、十六世紀のいわゆる古典様式に属する秀作である。なお、ナイジェリア国立博物館のこの作品と全く同じものが、ハンブルクにある。

図3　オバと従者の浮彫
（青銅／高さ 44.5cm／ 16 世紀）

このようにベニン彫刻は、王権を誇示することが制作の第一義的な目的であったから、その表現もいきおい図式的になった。イフェ彫刻のように人物の生命をとらえることよりも、むしろ衣裳や武器その他の細部の表現に関心が集中されて、きわめてコンベンショナルな造形となった。したがってシンメトリカルな構図が多く、また人物の大きさも当該人物の身分の高さによってきめられる。後期のものには、アフリカ人とは異なる顔つきや服装の兵士や商人があらわれるが、このことによって作品はより正確に年代づけられる。

図4は火縄銃をかまえるポルトガル人の兵士をあらわした、一六〇〇年頃の作品である。この作品は、いわゆるオール・ラウンド構成で、正面または側面などの、特定の方向からだけ眺めるようには

図4　ポルトガル人銃手
（青銅／高さ 46cm／1600 年頃）

つくられていない。それは他のベニンの人物像、ひいては伝統的なアフリカ人物像には見られない表現法で、したがってこの人物像は、おそらくヨーロッパの近世彫刻に影響されたものだろう。

ヨーロッパ人が初めてベニンを訪れたのは、先述のように一四七二年である。その後、散発的に訪問者があったが、ベニンが本格的にヨーロッパと交渉をもつようになったのは、十六世紀後半以後である。そのことは、それ以後の青銅彫刻が、これまでのアフリカ産の金属ではなく、ポルトガルから輸入された金属を用いたことからもわかる。この粗悪なヨーロッパ産青銅のゆえに、それ以後ベニン彫刻の厚みが増し、人頭彫刻の重さは四倍にもなった。またその作品もかつての微妙なカリグラフィックなニュアンスを失って類型的になり、魅力を欠くものとなった。そして十八世紀以後は、はっきりデカダンスの時期であるといえる。技法も形式も完全にマンネリズム化して、かつての生気を失った(図1)。

このようなベニン美術の消長は、そのままベニン王国の勢力の盛衰でもある。初期のヨーロッパの渡航者によって、ヨーロッパの都市以上の繁栄ぶりをうたわれたベニンは、十六世紀中頃から内紛が相つぎ、やがて隣のヨルバ人のオヨ王国に圧迫されて、十七世紀末には非常に小さい王国となった。周囲の国々から得た奴隷の貿易によって繁栄したベニンは、今度は逆に、それらの国々の憎悪の的となり、かれらに攻撃されて、市街の大部分は廃墟となった。かくしてベニンの偉大さは、人びとの記憶の底に没してしまったのである。

5 フェス(モロッコ)

世界一の迷宮都市

レオ・アフリカヌスのこと

レオ・アフリカヌスというムーア人の文人、旅行家がいた（本名はハサン・ブン・ムハンマド・アルワッザーン・アッザイヤーティー）。ムーア人とはヨーロッパ人が北西アフリカ（マグレブ）のイスラーム教徒を指す呼称である。彼はアルハンブラ宮殿で知られる、スペインのグラナダにうまれたが、一四九二年にカトリック勢力が八世紀にわたるイスラーム支配からイベリア半島を奪回したので、幼いころ家族とともにモロッコに渡り、フェスの大学で学んだ。

レオは十七歳のとき、伯父とともにサハラの南に栄えていた黒人王国ソンガイに行った。そしてその後モロッコ、チュニジア、大サハラ（サハラ、リビア、スーダンの各砂漠とその南縁を含む地域の総称）、エジプトを旅し、その見聞を記録した。

コンスタンティノポリスよりの帰途、地中海で海賊に捕えられた彼は、ローマへ送られて教皇レオ十世に奴隷として献上された。教王は学識のあるこのムーア人に注目して、自由と年金と教皇名を与えた。受洗してキリスト教に改宗した彼はレオ・アフリカヌスと改名し、見聞録『海と陸の旅』を書いた。それが五〇年後にイタリア語で出版されて反響をよび、のちに『アフリカ誌』の名で広く知られるようになった。

その本によると、当時のフェスはベルベル人のマリーン朝の首都として繁栄していた。織物や皮革に代表される商工業が発達し、スペインやソンガイ王国と活発に交易し、市街地が広がってユダヤ教徒居住区がうまれ、多くのモスクやマドラサ（神学校）が立ち並んでいた。

フェスの発達した都市形態については、たとえば地下水道によって、モスク、学校、病院、ホテル、住宅へ給水している六〇〇の給水所があげられている。また靴屋とほぼ同数の本屋があること、花屋、牛乳屋、洗濯屋、あらゆる種類の食料品店などのこまかい記述がある。

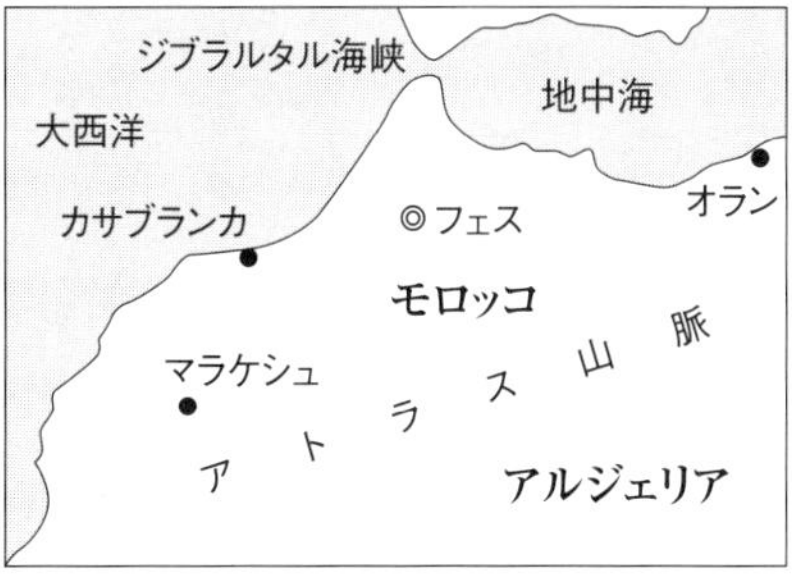

世界一の迷宮都市

二〇〇四年七月末の夕方、私はフェス郊外のダタ製陶地区の丘に立った。眼下に城壁にかこまれた旧市街（フェス・エル・バリ）、左方に新市街、そのあいだに王宮のあるフェス・エル・ジェディド（アラビア語で新フェスの意）が望まれる（図1）。旧市街は谷間にあり、フェス川をはさんで遠方のカラウィーン地区と、手前のアンダルス地区に分かれる。前者には緑色の三角屋根が連続するカラウィーン・モスクを中心に、チュニジアのカイラワーンからの移住者が、後者にはアンダルス・モスクを中心にスペインのアンダルシア地方から移ってきた人びとが住んでいる。カラウィーン・モスクの左上の緑色の四角錐屋根の建物はザウィア・ムーレイ・イドリス廟である。緑色はフェスのシンボル・カラーで平和を象徴するが、一望したところ旧市街には緑の樹木がほとんどない。

翌日、私はかつてのスルタン（イスラーム王朝の君主）の居城である王宮を見学したあと、旧市街へ行く途中、フェス・エル・ジェディド地区のブー・ジュルード庭園を通った。ここには多くの樹木と川と池がある。同じ名をもつ門（外側は青、内側は緑のタイルで装飾されている）をくぐり、旧市街に一歩足を踏み入れると、いきなり中世的混沌の世界に巻きこまれた。狭い路地を伝統衣裳の男女が往来し、ひしめく商店からは物売りの掛け声がとび、石畳の道を行くロバの蹄《ひずめ》の音や金物職人の槌《つち》音《おと》が響き、そしてモスクから拡声機で大音量のコーラン。

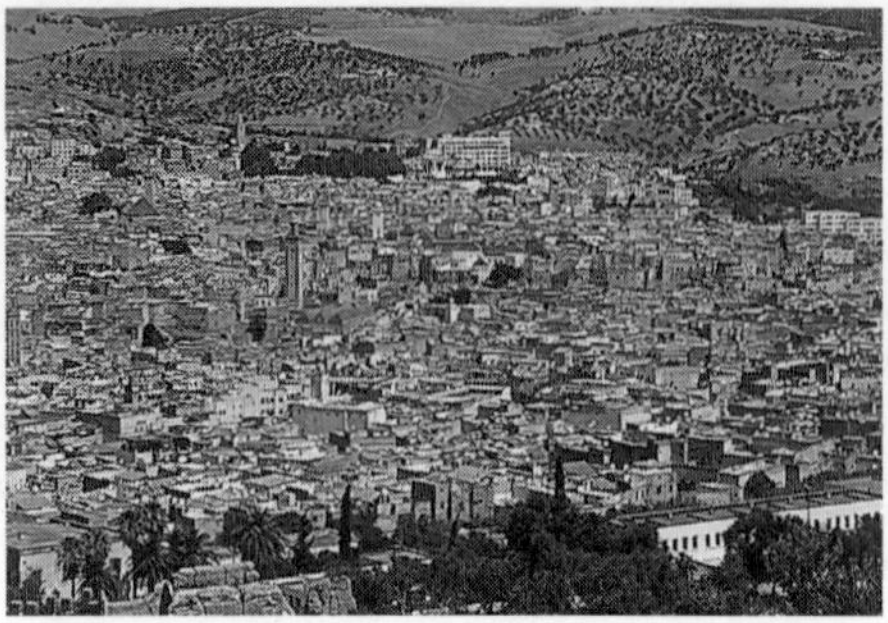

図1　フェス旧市街遠望。中央の三角屋根が連なる建物はカラウィーン・モスク（857年創建）

ブー・ジュルード門から二つに分かれるメインロードの両側に軒を連ねる商店ではあらゆる物品が売られている。色鮮やかなカフタン（丈が長く襟のない民族衣裳）を飾る店、ラクダやヤギの頭を並べる肉屋、ヘンナの粉やアイシャドーの粉や泥のような練石鹼《ねりせっけん》を売る香料店、等々。

これらの商店は店頭の狭い間口いっぱいに商品を並べているので、どこから店内に入るのかと聞くと、実演してくれた。天井からの鎖にぶら下がり、商品群をとびこえるのである。大きな家具も屋根の上に綱で上げてから部屋におろす。

内と外の違いが際立つ住宅街

メインロードからそれて脇道に入ると住宅街で、表通りの喧燥がうそのような静けさである。入り組んだ路地が枝分かれを繰り返し、さらにその路地の上に住居がつくられてトンネルになっている。しかもフェス川をはさむ擂鉢《すりばち》状の谷の斜面に位置するので、坂や階段が無数にあり、いわば立体迷路である。東西二・二キロ、南北一・二キロのところに一万二〇〇〇の道があり、袋小路が一〇〇〇もある。アラブ諸国にメディナ（アラビア語で町・都市の意で、新市街に対して旧市街を指す）はたくさんあるが、フェス以上に錯綜したところはない。世界一の迷宮都市といわれる所以である。またその規模も現に生きている中世都市の中で、マラケシュ、カイロ、ダマスカスとともに、世界で最も大きいものの一つである。

このようにフェスの旧市街は一見無秩序のようだが、イスラーム法に則《のっと》ってつくられている。メインロードの道幅は三・二メートル以上ときめられているが、これはラクダやロバがすれちがうことができるようにとコーランに書かれているからである。しかし袋小路などは近隣の人しか用いないので道幅のきまりはなく、太った人は横向きでしか通れない狭い路地もある。

各住居の入口は互いちがいで、窓は高所にある。それは風を通すために戸口を開け放したり、窓で明かりをとっても、隣人や道行く人が中を覗くことができないようにするためである。とにかくプライバシーにきわめて厳しい。コーランにいわく。「許しを求めて、その家人に挨拶をおくるまで、他人の家に入ってはならない」(二十四章二十七節)。

しかし家の中に入ると、広い吹き抜けのパティオ(中庭)があり、華麗なタイルで壁が装飾されている。このような美しい快適な空間を広くとるために、路地は枝分かれを繰り返し、次第に狭くなっていった。そして内は美しいが外が質素なのは、邪視によって嫉妬心をおこさせないためである。

中世的なめし革工房街

メディナでは家具、絨緞《じゅうたん》、靴、陶器、貴金属、金物、染物、香料、革製品など、同じ品物の店が集まってスーク(市場)を形成する。これらの店は販売するだけでなく、工房も兼ね備え、子どもは幼い頃から父親に学んで、家業を継ぐ。そのスークの中で最も大きいのがスーク・ダッバーギーン(なめし革染色工房街。通称はフランス語のタンネリ)である(図2)。

フェスのタンネリはあらゆる点で中世以降ほとんど変わっていない。なめしや染めの容器(桶)はタイル張りの日干《ひぼし》煉瓦製であり、作業に従事する職人や徒弟は男性に限られ、かれらは中世ギルドの慣習にしたがって健康、安全その他が管理される。職人たちは自営で、自ら原料の毛皮を仕入れ、な

図2　皮なめし、染色工房

めし、染め、二〇日ほどで完成した革を自分で売りに行く。フェスのタンネリは屋上に一〇〇以上の桶が並ぶ。五〇〇人の職人たちがなめし剤や染料の入った桶の中に入って、羊や牛の皮を踏みつけてなめしたり、染色をしている（図2）。見学者はその光景を屋上テラスから眺めるのだが、視覚的にはインド藍の青、アカネの赤、モクセイの黄などの原色が美しい反面、ものすごい悪臭で、はじめ私もたじろいだ。

タンネリはモロッコ、とくにフェスが中世に大発展した最大要因である。フェス皮革は何世紀ものあいだ世界中で最高級品と評価されてきたが、とくに製本に用いられる山羊《やぎ》皮は現に「モロッコ」と呼ばれている。

大学を兼ねたカラウィーン・モスク

旧市街の中心はカラウィーン・モスクである。マグレブ最古のイスラーム都市である、チュニジアのカイラワーンから移住してきた女性によって、九世紀に創建された。当初は小さな礼拝堂であったが、十世紀初頭および十二世紀の改築によって、壮大かつ華麗に変身し、今や二万人以上を収容する、アフリカ最大のモスクとなった。

異教徒である私は、中庭にある礼拝堂の正面扉口とその前の水盤を門の外から見ただけであるが、正面扉口の馬蹄《ばてい》形アーチには華麗な彫刻と色彩がほどこされていた（図3）。また中庭はアルハンブラ宮殿の『獅子のパティオ』を模している。建物内部には二七〇本の円柱が林立し、二一一の円蓋が天

図3　礼拝堂の正面扉口
（カラウィーン・モスク／14世紀以後）

井を覆う。

このモスクにはマドラサが併設され、十世紀には大学となり、十二世紀には八〇〇〇人の学生が寄宿していたといわれる。その後身のカラウィーン大学は、カイロの大学と並んでイスラーム最古の大学である。このモスクを中心に学問の街として発展したフェスの名は、十世紀にはヨーロッパにまで届き、「アフリカのアテネ」と呼ばれた。

郊外のダタの丘から見た、緑色の四角錐屋根のミナレット（塔）のあるザウィア・ムーレイ・イドリス廟は、九世紀初めにフェスのメディナを建設したムーレイ・イドリス二世の廟である。彼はフェスの守護聖人として人びとから深く崇拝され、ここに逃げ込んだ人は誰でも保護されるという。いわば駆け込み寺である。また、ここは女たちがさまざまな願いごとをするところでもある。願いごとの種類によって、灯す蠟燭《ろうそく》の色が異なるのが興味深い。ちなみに、モロッコでは二〇〇四年に女性の権利が大幅に拡大された。

高度に組織化された水道

フェスではすでに十一～十三世紀に地下人工水道による水の供給組織が完備していた。現に旧市街に六〇以上の公共の泉があるが、必ずモスクの近くに位置し、浴場に沿って延びている。それらの多くは単純な水盤であるが、しばしば彫刻がほどこされた木製の天蓋の下にある。最も華美なのはネジャリーン広場の泉で、繊細なレース模様のストゥッコ（化粧漆喰《しっくい》）と色タイル・モザイクでつくられている。

水は各家庭に人工水道で順次送られるから、汚さないように注意する必要があり、水槽の中に決して手を入れてはならない。このようにして人びとは隣人への思いやりを絆にして、みんな繋がっている。

私は、商店や住居の前に水を入れた土製の甕《かめ》を置き、取手つきのコップをそえた光景をよく目撃した。道行く人に振舞うためである。容器が陶製でなくて土製であるのは、気化による冷却を利用するためである。また、ときにはバケツに水を入れて猫に供する家もある。「余分の水を与えるのを拒む者は、牧草の恵みを拒む」（ハディース「預言者の伝承」）。

ところでフェスの旧市街はいま危機に瀕している。ここを去る人が増え、建物が傷み、一部が廃墟化しているからである。ユネスコは荒廃を防ぐために籤《くじ》を発行し、世界銀行は修復などのために七五〇〇万ドルの借款を与えた（一九九七年）。ひとえに若い世代が西ヨーロッパ風の近代的な新市街に住むことを好むようになったからである。それにともなって旧市街の人口も十四万人から一〇万人に減った。

6 ガルダイア（アルジェリア）
ムザブの谷にひろがるキュビスム風建築

雪とラクダが出会う珍風景

「一九六七年一二月一三日。五時半、起床。山津善衛大使夫人手づくりの松茸めしと豚汁と日本酒の朝食の後、一二名が四輌のランドクルーザーに分乗して、八時、大使公邸出発。何十年ぶりかの寒波襲来で、気温零度」（『大サハラ――京都大学大サハラ学術探検隊』の「行動の記録」、講談社、一九六九年）。

アルジェを出てアトラス山脈にさしかかると、雪が積もっていた。メデアを過ぎてベッルアギイアあたりでは、積雪は八〇センチもあり、トラックや乗用車が道路上に立往生していて進めない。そこでランドクルーザーに装備された、五〇メートルのワイヤロープを操作するウインチ（巻き上げ機）を用いて、つぎつぎに車を引き出して進路を開《あ》けた。小さい四輪駆動車が大型トラックを引っ張るのを見て、人びとが喚声をあげた。

北アフリカを襲った寒波はアトラス山脈を越え、南斜面のジェルファの近くで雪とラクダをいう珍しい取り合わせをつくりだした。

ラグアトでアルジェリア総理府のヘリコプターと落ちあった。同行のフジテレビの取材班が、砂漠

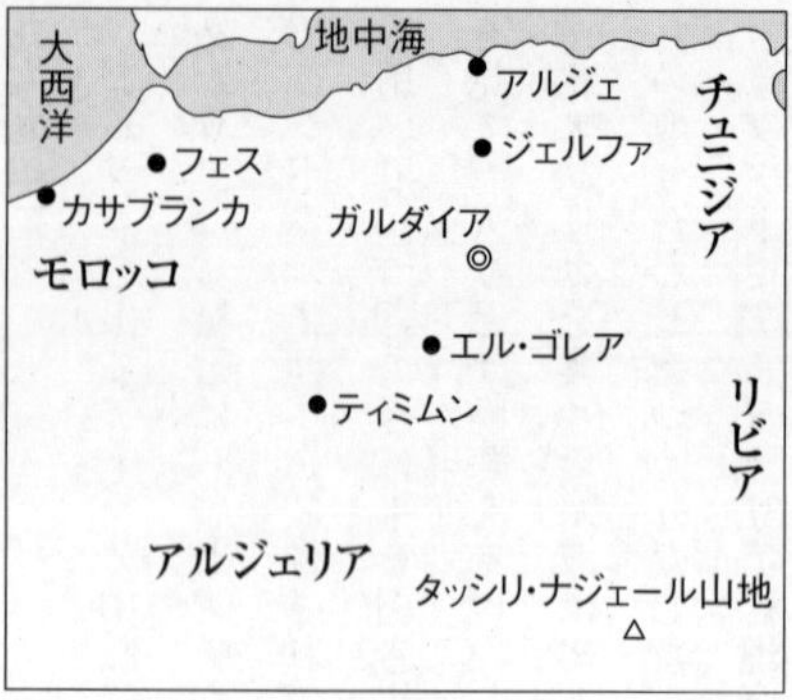

を砂埃《すなぼこり》をあげて疾走するランドクルーザーの列を空から撮影するため、長い交渉をへて実現したものである。この空撮はガルダイア～エル・ゴレア間でおこなわれた。

強い信仰心と水との戦い

ガルダイアはアルジェの南方約四五〇キロ、サハラ砂漠北部のムザブの谷にある。その谷を遠くから眺めると、白、黄、茶、青色のパステルカラー調の立方体の家々が、谷のなかの五つの丘の内斜面を埋めつくしている。ガルダイア（図1）、エル・アトゥフ、ブ・ヌラ、ベニ・イスゲン、メリカの街で、人口約一万五〇〇〇人。サハラ最大のオアシスである。私たちが到着したのは夕暮れだったので、虫よけのためにトルコブルーに塗られた家々の外壁が、より青みを深めて幻想性を増し、まるでお伽話の世界のようであった。

この街をつくったのは、ベルベル人の支族ムザブ人である。かれらは『コーラン』をきわめて忠実に解釈するので、俗に「イスラーム教の清教徒」といわれる。したがってイスラーム世界では異端視されて、主流派から迫害を受けた。そこでかれらは信仰の場を求めて流浪の末、十一世紀初めにこの地にたどり着いた。

チュニスうまれの十四世紀の歴史家イブン・ハルドゥーンは、「ムザブの人びとには気品がある。古くから精神的に統一された共同体に属しているからである」という。これはムザブ人が強い信仰心で結びつき、生活のすべてが『コーラン』にもとづいているからである。

しかし一〜三月の雨季にもほとんど雨のない、年間降雨量二〇〇ミリという不毛の岩だらけの涸れた谷の地表に水はない。そこで人びとは深さ数十メートルの井戸を掘り、それらを地下坑道で結んでフォガラ（地下水道）をつくった（図2）。ムザブの谷の人びとは、深さ平均五〇メートルの井戸三〇〇〇と総延長約一〇〇〇キロのフォガラによる水によって生活し、ナツメヤシを栽培している。

フォガラは素掘りのままであり、側壁や天井の土が水路上に落ちるので、土さらいを定期的におこな

図1　ガルダイア遠望

図2　フォガラ
（地下水道／ガルダイア郊外）

わなければならない。したがって坑道は人が中背になって通れるぐらいの大きさがある。

この井戸掘りのフォガラづくりには、南方から連れて来られた黒人奴隷も携わった。かれらはハラティンと呼ばれる。ガルダイアは北からアトラス山脈を越えて最初のオアシスであるが、ここには少数のハラティンがいた。つぎのエル・ゴレアはシャーンバというアラブ人のオアシスだが、住民の三分の一は黒人であった。それがティミムンでは半分になる。南に行くほど皮膚の色が黒くなって、サハラ南部のオアシスでは住民の大多数は黒人である。

キュビスム的市街とムザブ人の商才

ムザブ人のたたかいの相手は苛酷な自然だけではなかった。異民族やイスラーム主流派の襲撃に備えて要塞を築いた。そして街の中心にモスクを建設した。しかし華美を嫌って、日干《ひぼし》煉瓦製の質素な建物とした。このモスクのまわりに同心円状に住居が建てられたが、どの家からもミナレット（北アフリカのモスクに付設される高い塔）が見えるように計画された。住居は家族数によって大小の差はあるが、平等の精神に即して材料やデザインは統一されている。かくして図3のように美しいキュビスム（立体派）的町並みが形成されたのである。

もとより、一挙につくられたのではなく、まず「聖なる街」と呼ばれるベニ・イスゲンがつくられ、そこが飽和状態になると、隣の丘に別の街がつくられ、つぎつぎに先述の五つの街が建設されていったのである。

砂漠のオアシスは、そこでとれる農作物や工芸品だけで住民を養うことはできない。そこで男たちは商人となって、女たちのつくる絨緞《じゅうたん》や金銀細工を手に地中海地方やスーダン（「黒人の国」。大西洋からナイル川までの東西五〇〇〇キロにわたるサヴァンナ地帯を指す。「スーダン共和国」はその東端に位置する一部にすぎない）の各地に出かける。そして行商で得た資金で生活用品や食料を買って帰る。滞在はときに長期間におよぶが、死ぬと遺体はかならず故郷のムザブのオアシスに葬ってもらう。

一般にサハラのオアシスの市場は物品が乏しいが、ガルダイアだけは特別に豊富である。毎週金曜日には大市が立ち、良質の絨緞などの工芸品が並ぶ。それはムザブ人が「砂漠のユダヤ人」と呼ばれるほど賢明で商才にたけ、裕福だからである。

なお、オアシスでは水を巧みに導き、最大限に利用して植物を育てる。サハラの住民はナツメヤシ

図3　ガルダイアの町並み

の実（デーツ）を主食にしているから、それが主要な作物となる。そしてナツメヤシの下の土地を利用して、麦や野菜をつくる。ナツメヤシは約五年で実をつけ、五〇年以上も実を結ぶ。一般的にナツメヤシの分布の北限はサハラの北限と考えられている。

ガルダイアを愛した二人の芸術家

この街を愛したヨーロッパ人は多いが、特筆されるべき二人の著名な芸術家がいる。ル・コルビュジエとJ・デュビュッフェである。ル・コルビュジエはキュビスムを建築に取り入れ、近代住宅の基本形を追求し、それらを高層化した都市計画を実現したが、彼の発想の原点はガルダイアであった。したがってアイディアが枯れるとこの地を訪れた。

デュビュッフェは一九四七年から四九年にかけて三度、ガルダイアやティミムンに滞在し、サハラの風物を描いている。そして「埃《ほこり》の声、埃の塊、それらは花や樹や馬よりもはるかに強く私の関心をひく」といって、砂、泥、石ころ、タールなどを混ぜた厚塗りの絵画をつくった。その後、記号的な絵画や彫刻に転じるが、そのカラフルで乾いた色調にはガルダイアの建物のそれと一脈通じるものがある。特に重畳する街並みの印象は、彼の代表作である大立体作品『ヴィラ・ファルバラ』（パリ近郊のベリニ・シュル・イエールに所在）と酷似している。

「京都大学大サハラ学術探検隊」

冒頭のガルダイア紀行は「京都大学大サハラ学術探検隊」のいわゆる「遊牧民」（その意味は後述）

調査行の最初部分に属する。大サハラというのは、サハラ砂漠だけでなく、その周辺のリビア、スーダンの各砂漠や、南縁のステップおよびサヴァンナ地帯（これをサヘルという）を含む地域の総称である。サハラはアラビア語で「荒れた土地」を意味する普通名詞であるが、いつのまにか固有名詞として北アフリカにひろがる広大な砂漠地域を指すようになった。

ちなみにゴビも、もともとはモンゴル語で「草のはえぬ礫原」を意味する普通名詞だが、それがいつしか固有名詞化して特定砂漠の名称として用いられるようになった。

大サハラの現在の乾燥状態からは、このような不毛な地にむかし文化が栄えたとは到底思えないが、この地域が乾燥し始めたのは紀元前一五〇〇年頃であり、それ以前は川があり、樹木がはえ、各種の動物がすみ、人間も多く生活していた。したがって大サハラは民族移動の十字路で、黒人、ベルベル、エティオピア、エジプト、地中海などの諸文化が接する、文化的坩堝《るつぼ》であった。その様相をさぐるため、学術探検隊が組織されたのである。

この探検隊はフジテレビ開局一〇周年と、講談社創業六〇周年を記念する事業としておこなわれ、費用はすべて両社のほか民間企業の寄付によってまかなわれた。たとえば四輌のランドクルーザーはトヨタ自動車の提供による。京都大学名が冠されているのは、同大学の出身者やその教官・大学院生が多く、京大に事務局があったからである。

総数二六名の隊員は、私たちの用語による「遊牧民」と「定住民」に大別される。前者は四輌のランドクルーザーに分乗してサハラを縦横断する移動調査隊であり、後者はリビア、マリ、ブルキナ・ファソ、エティオピアに滞在して調査をおこなった。

本隊は「遊牧民」で、私が隊長をつとめた。地中海岸のアルジェを出発し、サハラ砂漠を縦断してアルジェリア、マリ、ニジェール、ダホメ（現代名ベナン）を経て、ベニン湾のラゴスに至り、さらに東にむかってナイジェリア、カメルーン、チャド、スーダンをへて、エティオピアのアディス・アベバまで、約二万五〇〇〇キロを踏査した。水、ガソリン、食料を携行しての旅で、約五か月の野営生活であった。

7　シュピールマン・クラール（南アフリカ）
華美、幻想的なンデベレ壁画

ンデベレ壁画の成立

一九六五年、私はカラハリ砂漠に住むブッシュマンの生態と岩壁画を調査するため、南アフリカ共和国のヨハネスバーグへ飛んだ。目的地はベチュアナランド（現国名ボツワナ）の北西端、南西アフリカ（現国名ナミビア）およびアンゴラの国境に近い、ツォディロ・ヒルである。そのためにはカラハリ砂漠を縦横断しなければならず、四輪駆動車やジェネレターの借用、調査資材の購入などに時日を要した。そこで南アのビザの延長を申請し、その交渉をウィットウォータースランド大学のG・B・S・シルバーバウアー教授などに頼んだ。そして、その間を利用してヨハネスバーグとその近辺の博物館などの文化施設や、トランスヴァール州のブッシュマンの岩面刻画を調べた。

八月某日、プレトリア近郊のシュピールマン・クラールという、ンデベレ人の集落を訪れた。ここに壁画の描かれた家が多く集まっているからである。到着して広場に立つと、住居の壁と塀に描かれた極彩色の壁画が、乾燥したモノクロームの自然のなかで際立ち、白と黒の幾何学模様が澄みきった青空と美しく対応していた（図1）。

ンデベレがこのような壁画を描くようになったのは十九世紀後半である。それ以前の住居は草を束

ねて葺《ふ》きあげたドーム形で、壁そのものがなかった。その後、円形に土壁を立ち上げ、その上に屋根を葺き、壁画を描くようになった（図2）。しかし壁画は急にうまれたのではない。版築《はんちく》（土壁の築造法で、板で枠をつくり、そのなかに土を盛り、一層ずつ杵《きね》でついて固める）の壁は、雨期の激しい横なぐりの雨で傷む。そこで泥を壁に塗るとき、牛糞を混ぜた。牛糞のなかの未消化の草がスサとなり、強度を高めるからである。そして生乾きの段階で丸い石で壁の表面を滑らかに仕上げる。かくして壁画を描くためのキャンバスがうまれる。

壁画を描くようになった理由をきくと、「伝統だから」「母も描いていたから」とか、「白人は住居を家具で飾るが、私たちにはないから、絵を描いた」とかの答であった。したがってかれらの壁画に宗教的な意味はなく、純粋に装飾的なものである。

壁画を描くのは女性で、未婚既婚をとわない。毎年、雨期が過ぎると、壁画は色があせたり、部分的に剝げ落ちたりする。そこで雨期が明けたら年ごとに描きかえられる。その際に新しいモティーフが少しずつ加えられる。このように壁画は更新されるから色彩はつねに鮮やかであり、また新しい要素が加わるので絶えざる変化がある。

基本的デザインとその展開

そこで、壁画そのものをくわしく見よう。ンデベレ壁画のデザインの基本は白と黒であり、枠取りした三角形や四角形のなかに直線や波線を配したものである（図1の下方と人物群のうしろ下方に見える）。これは黒土で壁面を整えた上に、牛糞を混ぜた白土を塗り、ついで余分な白土を削って三角形ないし四角形をつくり、さらに図形内の白土を指でこそぎ落とす。かくして黒地に白の図形があらわれ、乾くと美しい幾何学模様ができる。このデザインはイクープといわれ、ンデベレ語で「牛糞を塗る」の意である。

二〇世紀前半の壁画は、このような白と黒を基本にして、鉱物性の顔料である赤や緑を配した。最も美しい色彩的効果をもつ緑色は、プレミア鉱山やグリナンの近くから得られた。そして手や指によって描いた。ところが一九五〇年代以後、水性ペイントが多く用いられるようになり、真っ白な壁

図1　壁画とンデベレの人たち(現代)

図2　長方形住居(現代)

に筆によって黄、青、緑、赤、茶色でさまざまな図様が描かれるようになった。図1（一九六五年撮影）の壁画にも多くの色彩が使用されていて、白い部分も白土ではなく水性ペイントが塗られている。図1の塀の絵は家をかたどり、ンデベレ語で家を意味するインドゥルと呼ばれる。インドゥルの表現には多くのパターンがあり、キリスト教聖堂、大きなガラス窓のある白人の家、かれらの昔の草葺きの家などがある。

図1の家の右の縦に並ぶ図様（小さく見える）は、連続する鉄の「鎖」で、ウムケターニと称される。このような生活用具をモティーフとすることはンデベレ壁画の特色の一つで、図1の塀の左方や図2の住居の壁には、カミソリの刃をモティーフにしたチェファナがあらわれている。日常生活において、カミソリは頭髪を剃ったり、爪や糸を切ったりと、たいへん有用である。

このほか、近年あたらしく加わった植物、花、アルファベット、数字などの図様があり、近くのプレトリアの商店街からヒントを得た西洋風のモティーフ、例えば時計、茶瓶、電灯、洋風商店などがある。しかしこれらの新しいモティーフは写実的に描かれるので、ときには伝統的な幾何学図様と衝突して、壁画全体の調和を乱すことがある。

立体派に通じる壁画とビーズ細工

ともあれ、シュピールマン・クラールの広場に立って、その広場をとりまく塀（図1）と、その塀の内側にある円形ないし長方形住居（図2）を眺めていると、お伽話の国に来たような感じがする。華美で幻想的で、しかも明快。ンデベレ壁画は多くのアフリカ美術のなかで、その秀抜な造形によって、きわめて独自な位置を占めている。一般に、彫刻的才能は秀れているが、絵画の面ではそうではないとされるアフリカ人ではあるが、ンデベレ壁画を見るとき、そのような批評が当たらないことが分かる。むしろヨーロッパの立体派、たとえばF・レジェが現代的な造形をおこなう前ないし平行して、かれらは類似の絵画形式をつくった。そしてそれはかれらのビーズ細工にも通じる（図3）。

ンデベレ人はまた、その華やかな民族衣裳や装身具によって知られる。女性たちはウンパーロといわれる、赤、緑、黄、青、茶の五色のストライプ模様の毛布をまとい、多色のガラス製ビーズを身につける。このビーズは首だけでなく、腕や脚や胴にもつけられもイシホロワーニと呼ばれる。しかし図1の女性は抽象図形の毛布と金属製の腕輪や脚輪をつけている。

またこの女性はビーズの前掛けをつけているが、これには四つのデザインがある。すなわち、幼児から成人前の女性、成人未婚女性、既婚女性、熟年女性の四種で、それぞれの女性の社会的な位置を

図3　ビーズ細工（現代）

象徴している。このビーズは瓢簞《ひょうたん》の実やダチョウの卵殻に巻かれて室内の装飾品となることもある（図3）。

ンデベレの歴史

シュピールマン・クラークの住民は一九五二年に半ば強制されるかたちで現在のクリッガットに移ったが、私が訪れた六五年でも現在でも、住民が実際に生活する住居を展示する野外博物館マポチ・ンデベレ村として機能している。

南部アフリカにはンデベレと自称する民族が三ついる。地理的分布から、ジンバブウェ・ンデベレ、北トランスヴァール・ンデベレ、南トランスヴァール・ンデベレと呼ばれている。このうち美しい壁画を描くのは南トランスヴァール・ンデベレだけである。

ンデベレの歴史は四〇〇年以上さかのぼることができる。南方グループの伝統的な部族長ムシは、プレトリアの北方に住んで、二五の村を支配した。ムシの二人の息子、マナンとンズンザはそれぞれ独立した集落グループを形成したが、やがて後者は東方に移動した。

ところで、住居の壁に絵を描くことはアフリカ各地でおこなわれている。私が観察しただけでも、ナイジェリアのイボ人やハウサ人、ニジェールのソンガイ人の壁画がある。それらの多くは花などを抽象的ないし半具象的にあらわすが、最近は人物などを写実的に描いた壁画がときどき見られるようになった。これらの壁画の範疇に、刻画や薄浮彫に色彩をほどこしたもの（ハウサ人など）が含まれる。

日本に復元された家と壁画

一九八〇年代以後、ンデベレの装飾文化は世界的に注目され、『ナショナル・ジオグラフィ』誌などで大きく紹介され、パリのポンピドー芸術センターは「大地の魔術師たち」展で、ンデベレ壁画の第一人者であるエスター・マヒャングを招き、大きな壁に絵を描かせた。

ンデベレ壁画はわが国でも見ることができる。愛知県犬山市の野外民族博物館リトル・ワールドに、一九九五年に「南アフリカ　ンベデレの家」ができたからである。家屋の復元には二つの方法があり、元の家を解体して博物館内に建てる移築復元と、原形をそっくり再現する形態復元である。リトル・ワールドのンデベレ家屋は後者であり、したがって現地の版築造りの壁は鉄筋コンクリート造りになっている。しかし壁画は現地から招かれた四人のンデベレ女性によって、日本製の水性ペイントで二か月かけて描かれた。

8 マハラピ（ボツワナ）

華麗な衣服を着る、オシャレなヘレロ人

リヴィングストンの探検

貧しい労働者の家にうまれ、敬虔なキリスト教徒の両親の影響によって医療宣教師となった、一人のスコットランド人がいる。十九世紀中頃、彼はロンドン伝道教会から派遣されて、南部アフリカに赴任した。D・リヴィングストンである。

一八四九年六月一日、リヴィングストンは他の二人とともにカラハリ砂漠への旅に出発した。砂漠の南側のコロンベルクで、カラハリを越える計画をねること八年の後に、ようやく第一回の探検に踏み出したのである。この地の部族長セシェレは「あなたはカラハリ砂漠を越えることは決してできず、その向うに住む人びとのところに達することはできない。私たちにとってさえも、それは不可能なことだ」と、警告した。

しかしリヴィングストンは出発した。幾多の困難をのりこえて、彼は八月一日にンガミ湖に達した。ヨーロッパ人として最初のンガミ湖目撃者であった。この発見によって彼はイギリス王立地理協会から金メダルを受け、以後、この協会の支援による地理的探検に邁進する。

翌五〇年、リヴィングストンは妻子とセシェレを伴なって、再びコロンベルクを出発した。今度は

ンガミ湖を西に残して、北に進み、翌年の六月末にザンベジ川を発見した。さらにザンベジ川上流から大西洋岸まで踏査し、探検家としての名声を確立し、イギリス社会のヒーローとなった。彼の名を冠した都市がザンビア南部（ザンベジ川北岸に位置し、ジンバブウェと国境を接し、ヴィクトリア滝に近い）にあるゆえんである。

　リヴィングストンの旅にはさまざまな困難や危険があった。彼は旅行記のはじめに、こう書いている。「多分あなた方は、私を熱狂のゆえに非難するだろう。その非難を私は受け入れる。私はその非難に値したいと思う。なぜならこの感情の世界でしか、この世に偉大で有益なものを達成することができないのだから」。

セレツェ・カーマ

　一九六五年夏、私はベチュアナランド（現国名ボツワナ）を縦横断した。カラハリに住むブッシュマンの生態と、かれらの祖先が残した岩面画を調べるためである。その途次、この国の東部のマハラピでリヴィングストンのイニシアルが刻まれたバオバブを見出した（図1）。バオバブは高さ二〇メートル、直径一〇メートルに達する円筒形の幹をもち、その先に密に枝を茂らせる落葉樹で、その特異な形は、巨人が幹をつかんで根を地中から引き抜き、さかさまに置きかえたようだ」と形容される。マハラピのバオバブは数百年を経たと思われる古樹であった。

マハラピおよびそれ以北の、この国の東北部の広大な地域に住む人びとは、ベチュアナランド最大の部族で、全人口の三分の一を占めるバマングワト人である。部族長はセレッツェ・カーマ。彼はイギリス留学中に白人女性と結婚して話題となり、『チャーチル回顧録』にも書かれている。この結婚が問題になったのは、当時、ベチュアナランドは南アフリカ共和国の委任統治下にあって、アパルトヘイト（人種隔離）政策がおこなわれており、黒人と白人の結婚は御法度であったからである。そのセレッツェ・カーマが一九六六年九月に独立したボツワナ共和国の初代大統領に就任した。ファースト・

図1　リヴィングストンのイニシャルが刻まれたバオバブ

図2　ヘレロ人の集落

レディはもとよりルース・ウィリアム夫人、いやルース・カーマ夫人である。

ヘレロの集落と女たちの服装

バマングワト人が住むマハラピの近くにヘレロ人の集落があった。かれらは南西アフリカ（現在のナミビア）にしかいないと思っていたので、たいへん驚いた。

ヘレロ人の居住地は、バマングワト人の集落にくらべると非常に清潔で、低い土塀にかこまれた集落内は塵ひとつなく、きれいに掃き清められていた（図2）。家は日干《ひぼし》煉瓦の壁と茅葺《かやぶき》屋根をもつ円形住宅であるが、かつては木の枝を曲げ、粘土に牛糞をまぜたものを塗ったポントクという丸屋根住居であった。

折から十数人の女性たちが日干煉瓦を積み重ねて、家を建てていた。ところが彼女たちの服装といえば、頭にターバンをまき、袖つきの胸衣を着、長いかさばったスカートをはいて、おまけにショールをつけている（図3）。スカートは二〇メートルの長さの布を要するという。赤、黄、緑、青など、ありとあらゆる色の布が、あるいは大きく、あるいは小さく継ぎあわされて、華麗そのものである。その華麗さをガラスや貝などのビーズの首飾りや耳飾り、真鍮《しんちゅう》や銅の腕輪と足輪がさらに強調する。しかもこれが普段着なのである。三七〜八度もある暑さのなかで、よくもまあこんな服装でいられるものである。

この服装は十九世紀中頃のルター派ドイツ宣教師夫人のそれを取り入れたとされる。そしてそれ以後のヨーロッパの衣装を採用しなかったのは、かれらのおこないに幻滅したからである。

図3　家をつくっているヘレロの女たち

このような服装は女性だけである。男たちは半裸で、革製の前垂れのようなものを腰の前と後ろに垂らし、時折やわらかい羊革の袖なし外衣を着る。
ヘレロの女性衣裳は非常に美しいが、それにもまして美しいのは、当の女性自身である。厚い衣ですっぽり包まれているので、身体つきは見るよしはないが、はっきりした目鼻立ちの彫りの深い顔は個性的で、美人ぞろいである。
女たちのなかに、黄色いスカートのほかは、ターバンもエプロンもネックレスも、すべて白ずくめの若い女性がいた(図3の右端)。原色の衣服を着た女たちのなかで、彼女はひときわ目立った。目はぱっちりと色白で、いや色黒で、清楚でしかも品があった。有名な伝説の美女、チャラチョンジョロンジョのうまれかわりかも知れない。

チャラチョンジョロンジョの話

むかし、ヘレロのある村に、とてもきれいな娘がいた。

ある日、村の娘たちは連れだって羊飼いの青年たちのところに行った。そしてきいた。

「私ちのなかで誰が一番きれい？」

するとと羊飼いの若者たちが答えた。

「きみたちはもちろんみんなきれいさ。でも、この中指がほかの指よりも長いように、チャラチョンジョロンジョは、きみたち全部よりもきれいだよ」。

つぎに娘たちは牛飼いのところに行って、同じことをきいた。

「もちろんきみたちはみんなきれいさ。でも、チャラチョンジョロンジョは、ムバズワやルタンガラウネよりも、倍もきれいだよ」。

ムバズワとルタンガラウネというのは、ヘレロ族のあいだで語り伝えられている有名な美女で、日本でならさしずめ小野小町といったところ。

そこで娘たちは、今度はイチゴを摘みにきた人たちにきいてみたが、みんなのいうことは同じであった。

その翌日、村の娘たちは、遊びに行こうとチャラチョンジョロンジョを誘いだした。そしてみんなで川原で鬼ごっこをして遊んだ。

ところが、そのうちにひとりの娘がチャラチョンジョロンジョの胸のくぼみの上にのって、ぎゅうぎゅうおしつけた。彼女が苦しみを訴えると、聞えないふりをして、いよいよ胸をおしつけるばかり。

とうとう胃袋が破れて、彼女は死んでしまった。

娘たちはこのことを誰にもいわないと申しあわせた。

チャラチョンジョロンジョがいなくなったことを知った村の人たちは、手わけして、あちこちを探しまわったが、どうしても見つからない。

ある日、旅人たちが村にやってきたので、村びとは、どこかで彼女を見かけなかったかと、きいてみた。

すると旅人たちは答えた。

「とてもきれいな女の子の死体を見ましたよ、下の川のところで」

そこで村の人たちは、娘の母親とともに、出かけた。

「ああ、私のきれいな娘よ！　さあ、女の人たちは飾り紐をはずしてください。川のそばでひどいことが起こったのですよ！」

母親はこういって、川に着くまで泣き通しであった。

これは、美しい娘が仲間たちから嫉《ねた》まれて殺される話である。たわいない話だが、ヘレロのあいだには、これに似た美女にまつわる話がいくつかあるのは興味深い。ヘレロの女たちがたいへんオシャレなのも、このことと関係があるのかも知れない。

ヘレロの悲しい歴史

ヘレロ人は南部アフリカ土着の民族ではない。約四〇〇年前に北から南西アフリカに移住してきた。

たとえば、少年たちは思春期に割礼《かつれい》をうけ、前歯をやすりでV字形に削るが、これと同じ慣習がナイル川上流地域の諸民族にみられることから、ヘレロ人の北方起源が説かれる。その当否はともかく、十七世紀末までには、かれらは牛の群れとともに南西アフリカのクネネ川南岸の丘陵地帯に定着し、十八世紀初めに、より牧畜に適した土地を求めて南下し、高地地帯に来て、オヴァムボ人やナマ人(ホッテントットの支族)と接した。

やがてルター派宣教師によってヨーロッパの文化や技術がもたらされ、かれらは徐々にキリスト教に改宗させられ、またヨーロッパ人入植者とのあいだに争いが始まった。原因の多くは、入植者のなかに女が少なかったので、かれらが性的欲求のはけ口をヘレロの女に求めたことである。そしてドイツ軍兵士が、性的欲求に応じなかった、ある首長の妻を殺害したことをきっかけに、反乱がおこった。一九〇四年、ヘレロの人たちは首長のサミュエル・マヘレロのもと、ドイツの植民地駐屯軍を襲撃したりして勇敢に戦った。いわゆるヘレロ戦争である。しかし最新式のマキシム機関銃と速射野戦砲を装備した六個師団の援軍が来て、ついに敗れ、ヘレロの人口は一〇万人から二万人に減ってしまった。

私はマハラピ以外でも、マウン、セヒトワその他で、ヘレロの人たちに会った。かれらは人種差別のひどい、住みにくい南西アフリカをのがれて、比較的自由なベチュアナランドに移住してきたのである。

Ⅳ　オセアニア

1

タヒティ島（フランス領ポリネシア）
石像《ティッイ》と石造祭祀場《マラエ》

ポリネシアでヨット暮らし

まるでエメラルドを溶かして流しこんだような海を、ブルーと白のヨットが進む。船名は「アイタ・ペアペア」。タヒティ語でアイタはno、ペアペアはproblemで、「問題なし。なんとかなるさ」の意である（図1）。

この船はフランス人のミシェル・バルトンさんとその妻の田中せい子さんの所有で、長さ一七メートル、排水量二七トン、ディーゼル・エンジンとレーダーを装備し、客室三つと夫妻の部屋がある。二本のマストに帆をいっぱいに張って、映画の『最後の楽園』や『チコと鮫』の舞台となった、ポリネシアのソシエテ諸島を観光客を乗せて一週間前後の日程でまわる。一九八五年八月、私たちはこのヨットをチャーターして、モーレア島などの巨石文化遺跡をめぐった。

ミシェルさんはフランス空軍を退いた後、タヒティに来た。せい子さんは日本の大学を中退して、フランスに留学し、やがてタヒティを訪れ、一九七四年にミシェルさんと知りあった。二人はロサンゼルスにおいて二年がかりでヨットをつくった。外まわりだけ外注し、内部は二人で仕上げた。だから「この船は私たちの子供と同じだ」という。

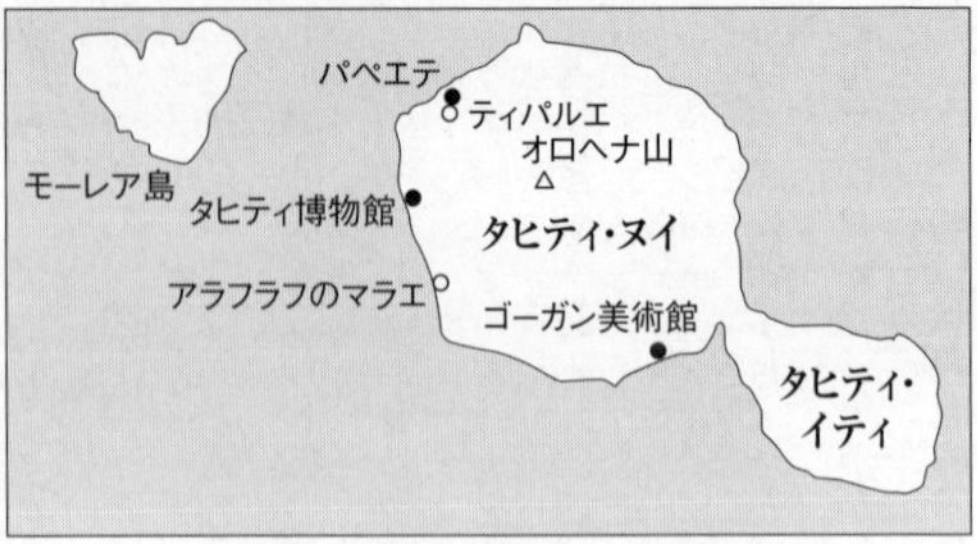

図1　アイタ・ペアペア号

せい子さん夫妻の住居はこのヨットで、陸上には自転車が二台あるだけ。うらやましい限りの自由な生き方である。そのうちに無人島を買って小屋を建て、動物を飼って、ヨット生活と自給自足の島生活を組みあわせたいと語った。しかし翌年、せい子さんは事故で死亡し、この夢は潰《つい》えた。

せい子さんからヨットマンの笹岡耕平さんがタヒティに来ていることを聞き、その奇遇に驚いた。というのは、その前年に世界一周航海に出る笹岡さんの壮行会が、（社）大阪南太平洋協会の主催でおこなわれ、私も出席したからである。ちなみにこの協会は建築家の松村賢治さんが主宰するが、彼が三十余年前に世界一周ヨット航海を計画したとき、募金のための後援会の会長を引き受け、その機縁で私はこの協会の顧問をつとめている。

パペエテのヨットハーバーに行くと、日の丸の小旗を立てた、笹岡さんのヨット「招福号」が係留されていた。その横に自転車が置かれ、「一〇〇ドルで売ります」との標示があった。必需品の自転車をなぜ売るのかと聞くと、クルーとして雇ったペルー人に有り金全部を持ち逃げされたからとのこと。そしてマルセイユ沖で零下十数度を経験したこと、大西洋で落雷にあったことなど、いろいろ苦労話を聞いた。

マラエという祭祀場

ポリネシアは「多くの島々」の意味で、ハワイ、イースター、ニュージーランドを頂点とする三角形の広大な海域に島々が散在するが、その中心に位置するのがタヒティ島である。

フランス領ポリネシアはソシエテ、マルキーズ、オーストラル（ツブアイ）、トゥアモトゥ、ガンビエその他の諸島からなり、海域の広さはヨーロッパ全土に匹敵する。島は全部で三〇〇余。タヒティ島はソシエテ諸島に属し、ひょうたんの形をした面積一〇四二平方キロの、沖縄島を少し小さくした火山島である。ひょうたんの大きな部分がタヒティ・ヌイ（大タヒティ）、小さい方がタヒティ・イティ（小タヒティ）で、仏領ポリネシアの首都パペエテはタヒティ・ヌイの北西部に位置する。パペエテは水（パペ）が出る場所（エテ）の意。高い山があるから新鮮な水が湧き、また作物がよく育つ。

タヒティにはポリネシアの他の島々と同じく、マラエ（マルキーズではメアエという）と呼ばれる石造祭祀場が多くあるが、現在はそのほとんどが崩壊している。

たとえばロンドン伝道協会のダフ号の船長J・ウィルソンのスケッチをもとにしてつくられた銅版画（一七九九年）は、十一段からなるマハイアテアのマラエの偉容を伝えるが、今は全くの廃墟となっている。このマラエへ私は地図をたよりに行ったがなかなか見つからず、近くに住むフランス人の老人に案内されて、私が最初に訪れたところが遺跡であることがわかった。このマラエは一般にプレア女王と呼ばれているパパラ地区の女首長が、息子のテリイレレのために一七六六～八年に建造し

図2　アラフラフのマラエ(復元)

たもので、かの探検航海者のJ・クックも訪れている。K・P・エモリーによると、マハイアテアのマラエの内庭は一一五×八一メートル、西端にある石壇（アフという）は基底で八一×二二メートル、高さ一三メートルにおよぶ。材料はサンゴ石と玄武石である。

この「沿岸型マラエ」は、一七九二年にJ・トビンが水彩で描いたパレのマラエや、W・ブリグが描いたタプタプアテアのマラエなど、多くの記録がある。これらの記録にもとづいて、エモリーは一九五四年にアラフラフのマラエをパエアに再建した（図2）。このマラエで祖霊と神に感謝するヘイヴァ・イ・タヒティ祭が古式に則《のっと》って再現される。

先に「沿岸型マラエ」と書いたが、マラエには幾つかの形式がある。まず、初期のマラエは低い長方形のアフの前の簡単な内庭に直立した多くの石を立てるか、小石の囲いのなかに直立した石を置く。時代の経過にともなってアフが大きくなり、構築技術が進むとともに、アフの前に長方形の内庭がつくられる。通常三個の立石がアフ前にあり、内庭には数個から十数個の立石があるが、これらは儀式に必要な物品を置いたり、重要人物が坐る場所である。この種のマラエは「内陸型マラエ」と呼ばれ、タウティラ地区などの山中に遺存している。

やがてマラエは一段と壮大になる。以前と同じくアフと内庭を有するが、アフは一層ではなく二層に重なる。そして十四世紀以後はいわゆる「沿岸型マラエ」が発達し、アフは上部が平らな梯形《ていけい》（台形）階段状のプラミッド型となる。図2のアラフラフのように三～四段のものが多いが、ときには十段以上からなるアフがある。

岩面刻画の複合像

パペエテ近郊のティパエルイに特異な人物をあらわした岩面刻画があることを、パリの人類博物館発行のA・ラヴォンデスの書物で知った。そこで現地に赴いたが、このあたりは市街化されていて工場が多く、誰も知らない。ようやく「ペトログリフ（岩面刻画）通り」という道のあることを聞いた。そしてこの小道の突当りでカヌーをつくっていた人に案内してもらい、遺跡へ行った。一五〇メートルほど小川を登ったところに平板な楕円形の石があり、それに両手を拡げた複合人物像が刻まれていた。

複合像という理由は、男と女が合体したような形で、頭は二つあるが脚は三本で、一人の股のあいだから先端が四つに分かれた簎《やす》状のものが出ている。そして頭上に二つの同心円が刻まれている。この種の同心円は繁殖のシンボルであるから、私はこの形象を性交図と考えたい（なお、ラヴォンデスの書物に載せられている写真は裏焼きで、左右が逆になっている）。

イースター文明の南米起源説を唱えるJ・ヘイエルダールは、小像に限りつつ、この種の複合図はイースター島や南アメリカにあるが、ポリネシアやメラネシアにはないという。しかし彼があげる南アメリカの例は土製であり、イースター島には土製品はない。また小像に限定しないならば、複合像はティパエルイの刻画のほか、ニュージーランドのマオリ人の家の梁《はり》などの浮彫にも見出される。

熱っぽく南国を描いたゴーガン

パペエテの反対側のタヒティ・ヌイ東南海岸のマタイエア近くに、十九世紀のフランス人画家P・

ゴーガンを記念する美術館がある。三角屋根の建物で、内部に彼が住んだ部屋のレプリカがつくられ、書物、オルガン、絵画用品、諸道具などの遺品が展示されている。

ゴーガンは一八九一年六月にタヒティに来た。はじめパペエテにいたが、文明化の進んだこの町を嫌ってマタイエアに移った。そのとき『ノア・ノア』の草稿を書いた。九三年に帰国し、九五年九月に再びタヒティに来て、プナアウイアに家を建てて住み、やがて一九〇一年九月にマルキーズ諸島のヒヴァ・オア島に移住した。

ヨーロッパ文明を嫌悪して原始にあこがれたゴーガンにとって、タヒチはまさに絶好の地であった。『ノア・ノア』にいう。「私は仕事を始めた。……見たまま描き、あれこれ考えずに、赤を青をそのま

図3　P・ゴーガン『タ・マテテ(市場)』(1892年)

ま画布に置いていくことは、とても簡単なことであった！（中略）ヨーロッパの古い因襲、堕落した民族の表現の臆病さがいけないのだ」。

燃えるような緑の山と樹木、紺碧《こんぺき》の空と藍《あい》の染料を流したような海、不思議な色と形の鳥、赤い絨《じゅう》緞《たん》のような土――そのなかで「均整のとれた身体の男たちと柔和な笑顔の女たち」（C・R・ダーウィン）が語り、踊り、笛を吹く。このような光景を彼は熱っぽく描いた。

「タ・マテテ（市場）」（図3）を見よう。右端に立つ女はタパ（樹皮布。ニューギニア以東では十九世紀まで織物はつくられなかった）を腰に巻き、右奥では二人の男が大きな魚を運んでいる。そして五人の女たちが黒髪に純白の花ティアレ・タヒティを挿し、原色の長い衣にまとってベンチに坐る。垂直線と水平線による構図で華やかに描かれているが、不思議に人物も樹木も神々しいまでに静止している。詩人のS・マラルメが驚嘆していった。「こんな華やかさのうちに、こんな神秘を盛りえようとは、尋常ではない」と。

ゴーガン美術館の庭に、オーストラル諸島のライヴァヴァエ島からもたらされた、大・中・小の三つの石製人像がある。いずれも肘《ひじ》を水平にまげて手を腹にあてるが、小像は跪坐《きざ》する。荒けずりの表現ながら量感にとむ自然主義的様式である。注目されるのは小さい跪坐像で、イースター島最古のモアイとされる跪坐像と酷似する。ヘイエルダールは、このような跪坐像はイースターやティアワナコ（ボリビア）などにあるが、ポリネシアやメラネシアにはないという。しかしこのライヴァヴェ像はヘイエルダール説に反する。

ヘイエルダールによると、イースターのモアイの長い耳は南アメリカから来た長耳族の特徴をあらわすとされ、イースター以外のポリネシアやメラネシアには耳の長い人像はないとのこと。しかし耳の長い石製人像がタヒティ博物館に幾つかある。それらはタヒティ島やマルキーズ諸島のもので、タヒティではティッイ、マルキーズではティキと呼ばれる。ティッイないしティキは祖先をあらわし、マラエに置かれたり、所有地の境界を示すために立てられたり、ときには家畜の立入りないし植物栽培を一時的に禁じる区域を示す標識として用いられた。

2　ヴァヌアツ（ヴァヌアツ）

多様な石のモニュメントと洞窟壁画

大阪大学南太平洋学術調査・交流事業

ナウルからフィジーのナンディ経由で、ヴァヌアツのポート・ヴィラに飛んだ。エア・パシフィックの飛行機の出発が四時間おくれたが、原因はフロントグラスに鳥がぶつかって壊れたからとのこと。ポート・ヴィラは折から激しいスコールであった。ヴァヌアツには一九八五年七月中旬から下旬にかけて一週間滞在したが、毎日のようにスコールがあった。ポート・ヴィラはメラ・ブラックサンド湾に面し、町の中心に商店街がある。公共の建物には南国情緒ゆたかな主題の壁画が絵画や浮彫であらわされている（図1）。

大統領のT・G・ソコマヌ氏を表敬訪問した。大統領官邸といっても二階建ての小ぢんまりした建物である。また首相のW・リニ神父にも会った。ヴァヌアツは非同盟路線をとるとともに、核実験、原子力艦船の寄港、核廃棄物の海上投棄に反対する政策をかかげている。

私が大統領や首相に会ったのには理由がある。大阪大学創立五〇周年記念の「南太平洋学術調査・交流事業」（委員長は木村）によるヴァヌアツ訪問だったからである。この事業の最大の特色は「調査」だけでなく、互恵的な「交流」をおこなうことである。そのため、調査が資源や文化の収奪にならないよう、また研究成果が現地に還元されるよう、互いの合意にもとづいて調査テーマが選定された。インドネシア、オーストラリア、ニュージーランドを含む関係諸国との予備折衝をへて、本調査は一九八五年四月から八六年一月まで、一〇チーム（七六名）によって実施されたが、現地研究者を加えると総数一五〇名におよんだ。

委員長の私は「落穂拾い」と称し、他の九チームが行かない地域を選んだ。その結果、ミクロネシア、メラネシア、ポリネシア、南アメリカの各地を踏査することとなった。テーマは「南太平洋における巨石文化の分布と伝播」であるが、イースター島のモアイその他が「絵になる」とのことで、毎

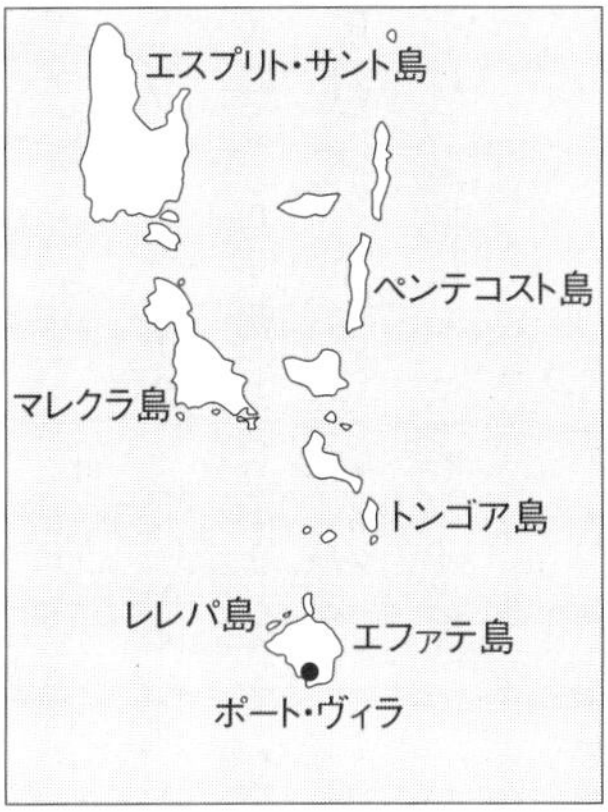

図1　壁画のある建物（ポート・ヴィラ）

日放送のテレビ取材班が同行した。

メラネシアとヴァヌアツ

太平洋には約一万の島があるが、それらの島々は語尾にネシアのつくミクロネシア、メラネシア、ポリネシアの三地域に区分される。ネシアとはギリシア語の nesos に由来し、「島々」の意味である。ネシアの語を初めて用いたのはフランスのD・ドゥルヴィルで、彼は一八三〇年ころソロモン諸島を訪れ、住民の皮膚が黒色であることから、ギリシア語の melas（黒いの意）をとり、その地域をメラネシアと名づけた。メラネシア人はオーストラロイドと混血したモンゴロイド系に属する。

メラネシアに属するヴァヌアツは火山灰とサンゴ礁からできた大小八〇余の島々からなり、その一つエファテ島に首都のポート・ヴィラがある。一六〇六年にポルトガルの探検家F・デ・ケイロスによって発見され、一七七四年にイギリスのJ・クックが探査し、スコットランドのヘブリディーズ（ヘブリデス）諸島にちなんでニューヘブリデス諸島と命名した。一九〇六年以来イギリスとフランスによる共同統治がおこなわれていたが、一九八〇年にヴァヌアツ共和国として独立した。この国の風習で最も知られているのは、ペンテコスト島の「陸上ダイビング」だろう。これはヤムイモの植えつけの時期におこなわれる儀式で、バンジー・ジャンプの元になった。

トンゴア島の石のモニュメント

チャーター機でトンゴア島へ飛んだ。マンガリス村の石のモニュメントを調べるためである。案内人はヴァヌアツ美術館のキュレイターで、この島出身のW・ロイ氏である。

飛行場から悪路をたどってマンガリス村に着いたが、遺跡が見つからない。この遺跡はかつてフランスの学者によって調査され、詳細に報告されているので、遺跡の写真を村人に示して案内してもらったが、あるものは新しい墓であったり、あるものは石垣であったりして、なかなか見つからない。やむなく村に帰って村長に聞いたところ、傍らのブッシュを指して、このあたりだという。十数人の男たちが村長の命令でブッシュを切りひらくと、多くの石が露出し、メンヒルや楕円石や環状列石があらわれた（図2）。

図2　巨石遺跡のブッシュを刈るマンガリス村の人びと（トンゴア島）

ある環状列石には、首長就任のための石があり、表面に円形くぼみが穿《うが》たれていた。ファレアと称される、男たちの昔の集会場の跡もあった。すなわち、集会場に立ち並ぶ低い縦長の石のまわりを、上が平らな一〇個ほどの石が弓状にとり囲むもので、これらの腰掛石はナトコロと呼ばれる。また土地所有に関する祭壇が、幾つかの石製の乳鉢や乳棒を囲む腰掛石によって構築されていた。

この遺跡から数十メートル離れたところに、一群の石の構築物があった。約一二〇〇平方メートルの空間に、垂直に立てられた石が三八個、横たえられた石が数十個、それぞれグループをなして散在する。立石の高さは、最大のものが地上一三五センチ、最小のものが一八センチであり、石の直径は中央部で最大七五センチ、最小一二センチである。したがってこれらの石の形状は細長いものや円錐形のものなど、さまざまである。立石の多くは墓と関連しており、横たえて葬った遺骸の頭部の近くに立てられ、三個ないし五個が集まっている。

レレパ島の洞窟壁画

エファテ島の北西海岸沖にレレパという小さい島がある。その島へパシフィック・ドリーム号というクルーザーをチャーターして行った。ポート・ヴィラ港は、北のデヴィル・ポイント（悪魔岬）と南のパンゴ岬に深く抱かれた静かな良港なので、多くのヨットが碇泊《ていはく》し、大型の客船も出入する。しかしデヴィル・ポイントをすぎて外海に出ると、さすがに波は高い。時速八ノットで約二時間半の航海の後、レレパ島に着いた。高さ三〇メートルの断崖上のフェレス洞窟が海岸から見える。

フェレスまたはフェレサというのは、土地の言葉で「大洞窟」の意である。奥行四二メートル、幅四六メートルの円形の洞窟で、ドーム状の天井は約四〇メートルの高さがある。洞窟の入口は最大幅二四メートル、高さ二一メートルと大きく、また南面しているので、洞窟内部には間接的に光線が入る。

入口近くの左方に大きな岩塊がある。これは岩壁から剝離して落下したもので、それには大きな円形くぼみの列が穿たれている。そしてその岩塊が剝離した岩壁に、黒色で人物や動物などが描かれていた。したがってこれらの彩画は落盤の後に描かれたことがわかる。

フェレス洞窟には数百点におよぶ彩画や刻画があるが、両者が重ねがきされている場合、つねに彩画は刻画の上層に描かれている。そしてその彩画には赤色と黒色の二種があり、赤色の方が古い。

壁画の主題は多様である。人物、魚、鳥、図形、小さな点や棒の列、円形くぼみなど。そして様式はかなり具象的なものから、著しく抽象化されたものまでまちまちで、さらに線描と平塗《ひらぬり》の技法が併

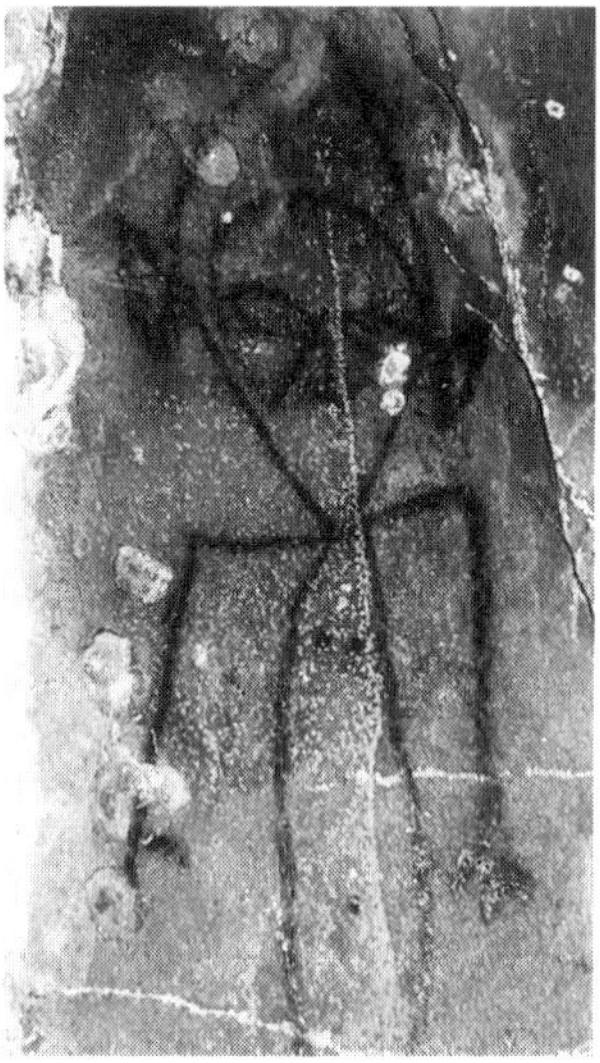

図3　人物彩画
（フェレス洞窟／レレパ島）

存している。人物像の多くは手に棒を持ったり、頭に羽のようなものをつけたりする。いずれも正面観であらわされる。サイズは大小区々《くく》である。最大の彩画は図3の線描人物で、身長は約一メートルであり、小さい人物や魚は二〇センチ以下である。また点は直径が一～三センチ、棒は五～二〇センチである。魚の描出が多いことは、この洞窟の環境を物語る。二羽の鳥は同形式で、野鶏だろう。

図3の人物は黒色で描かれているので、この洞窟の壁画のなかでは新しい時代に属する。略画風の素朴な表現であるが、人物の特徴がよくとらえられている。制作年代はわからないが、発掘によって得られた木炭の放射能減退量測定値は九一〇年である。

この洞窟内の二か所でかつて発掘がおこなわれ、一・六メートルの深さまで掘り下げられたが、石器や骨などは見出されず、また木炭を含む層が非常に薄く、風化した凝灰岩や天井から落ちた岩盤の断片などが堆積していた。このことはこの洞窟が住居として用いられたのではなく、宗教儀礼にのみ用いられたことを示している。したがって人物や動物や各種図形も、そのような儀礼に関連してあらわされたと考えられる。

丸い点と円形くぼみ

フェレス洞窟壁画には丸い点や短い棒の列がきわめて多くあらわされ、しかもその列が数メートルも続いたり、二列ないし数列が平行したりする。これらの多くは刻まれているが、黒色で描かれることもある。この種の斑点は世界各地で見出されるが、その意味はまだ明らかではない。ただそれらが円形くぼみと同じ範疇に属して、何らかの宗教的意味をもつらしいことが、多くの学者によって承認されている。では円形くぼみはどのような意味をもつのか。

先述の落盤した岩塊の表面にかなり大きくて深い数十の円形くぼみが二列（部分的に三列）に整然と彫られている。この種の円形くぼみ（盃状穴を含む）は中期旧石器時代のムスティエ期から歴史時代まで、北海道余市のフゴッペ洞窟壁画をも含めて、世界各地であらわされた。とくにひろまったのは新石器時代と青銅器時代で、巨石文化と密接に関係する。これらの円形くぼみのある石塊が群れをなしている場合は、そこは祭儀の中心であったことが多いが、すべてがそうなのではない。星のある天体のイメージ、特別の意味をもつ雨水を入れるための容器など種々のケースがある。したがってフェレス洞窟の円形くぼみの意味については今後の課題である。

レレパ島にはフェレス洞窟のほかにモルトゥトゥ洞窟があり、陰型の手形などが残っている。また、この島の南西約七キロのレトカ島には、フェルス洞窟壁画によく似た人物などを描いた黒色壁画がある。レトカ島はシャポー（帽子）島と呼ばれるが、それはこの島のシルエットが帽子に似ているからである。

レトカ島のロイ・マタはヴァヌアツ諸島の中央部において非常によく知られた英雄である。彼はこの地方に母系システムを導入し、首長の就任式を定めるなど、大きな功績をあげたとされる。彼の死後、その遺体はレトカ島の洞窟に葬られた。そしてその後この島は、ヨーロッパ人が訪れるまで、誰も居住しなかった。伝説ではロイ・マタは約四〇〇年前の人とされているが、彼と洞窟壁画との関係は不明である。

3　ボラ・ボラ島（フランス領ポリネシア）

J・ミッチェナー『南太平洋物語』の舞台

「これほど美しい島は世界に二つとない」

タヒティ島のパペエテからYS11機で、ライアテア島を経由して、ボラ・ボラ島へ飛んだ。タヒティの北西約二五〇キロ、一時間余の飛行時間である。「アイタ・ペアペア号」のミシェル・バルトンさんに教えてもらったマリーナ・ホテルに、改造貨物車のおんぼろバスで行く。ホテルはリーフ（正確にはコーラル・リーフ。サンゴ礁）のムテ島にあり、前は息をのむほど美しいラグーン（正確にはコーラル・ラグーン。サンゴ礁湖）であり、後ろは波立つ外海である。

このようにボラ・ボラ島はラグーンをかかえた、典型的なリーフにとり囲まれていて、映画『南太平洋物語』の舞台となった。原作者のアメリカのJ・A・ミッチェナーは第二次大戦に従軍し、南太平洋を転戦した体験をもとにこの物語集を書き、ピュリッツァー賞を受けた。この物語は映画だけでなく、R・ロジャーズとO・ハマースタインによるミュージカル（『南太平洋』）としても、大成功をおさめた。そのミッチェナーをして「これほど美しい島は世界に二つとない」といわしめたのが、このボラ・ボラ島である。それには海岸の砂が白いことが関係している。タヒティ島やモーレア島の海岸も美しいが、砂は黒い。

マラエ：1．マロテティニ(ファレルア)　2．ヴァイオタハ　3．タイアハパ　4．ファレ・オプ　5．アエハウタイ　6．ノノハウラ

石板を立てたアフのあるアラエ

ボラ・ボラ島にもタヒティと同じく、マラエと呼ばれる石造の祭祀場がある（図1）。タヒティのマラエにくらべると形式が異なり、石壇（アフ）は石を積むのではなく、立てた石板の囲いの中に石を詰める。

K・P・エモリーを隊長とする、ハワイのビショップ博物館の調査隊は、一九六三年にボラ・ボラ島で四二のマラエを海岸および内陸で認めたが、かつてはもっとたくさんのマラエがあったはずであるという。現在残っているマラエの保存状態も概してよくなく、そのうちの幾つかはエモリー隊によって修復された。

主なマラエの内庭は石による舗装または未舗装の四辺形で、その端に加工された大きなサンゴ石板を立て並べたアフがある。アフのプランは直角の平行四辺形で、立てた石板のなかにサンゴ石が詰められている。この形式はタヒティ島やモーレア島などのウィンドワード諸島のマラエと異なっており、フアヒネ島やライアテア島などを含むリーワード諸島に特有の形式である。私はこれらのマラエをレンタカーで見てまわった。面積三八平方キロ、最大幅九キロの島で、しかも島を一周するよい道があるので、調査は容易であった。

最も重要なマラエはファレピティ岬にあるマロテティニ（またはファレルア）と呼ばれるものであ

る。ここで王がマロ・テアすなわち尊厳のシンボルである黄色い羽の帯を着ける。アフは長さ約五〇メートル、幅約三・五メートル、高さ三・二メートルである。内庭の境界に大きな家の跡があるが、伝承によるとこれはアリオイのためのものである。アリオイは一種の宗教結社で、ソシエテ諸島において種々の演技をおこなった。マラエの近くにある二つの大きな墓は、十九世紀の王家の墓であるが、遺骸は損われることを未然に防ぐために他の場所に移された。このマロテティニのマラエをつくるために、この島最古のヴァイオタハのマラエの石が用いられたので、ヴァイオタハには現在なにも残っていない。

「光る海」を意味するタイアハパのマラエは、ファアヌイの海岸から少し離れた森に接したところ

図1　アエハウタイのマラエ
(背後にオテマヌ山)

にある。これは一四〇〇年頃にウヌテアという女首長によってつくられた。アフは長さ三五メートル、幅三メートル、高さ一・三メートルで、内庭はかつて全面が舗装され、小さな石垣で囲まれていた。

ファレ・オプのマラエは、海岸を通る道路によって内庭が分断されており、アフの後部や側面の石が失われたり壊れたりしている。また一部の石は一八二〇年頃に宣教師がヴァイタペの桟橋をつくるために転用した。アフの二つの石板に四匹の亀が線刻されているが、亀は神に捧げられる聖なる動物で、それを食べることができるのは首長と神官だけである。

以上は西海岸のマラエであるが、東海岸にも多くのマラエがある。とくに集中しているのはアナウ湾に沿ったマラエ群で、アエハウタイ（図1）、マヌヌ、ファレ・ラッイ、ノノハウラなどがある。アエハウタイのアフはボラ・ボラ島で最も保存状態がよく、中央部にサンゴ石でつくられた部屋が残っている。この種の部屋はソシエテ諸島の若干のマラエに残っており、一時的な墓とか、呪力をもつ物品を置くために用いられた。ノノハウラのアラエは今はガジュマルの木によって破壊されているが、かつてはボラ・ボラ随一の美しいマラエとして知られていた。十五世紀につくられたものである。

マラエの機能

これらのマラエは首長や重要人物の誕生、成年、就任、病気、死のほか、戦いや災害といった重大な出来事にさいしておこなう儀式に用いられた。これらの儀式はまた暦とも関連する。一〜二月に豊穣の季節が始まり、果実や魚の初収穫があるとマラエで祝福され、大地が果実でいっぱいになると感謝の祭祀がおこなわれた。六〜七月に樹木の葉が色づいて神々がいなくなると、その再来を祈る儀式が催された。これらの儀式において重要なことは、レ・マラエすなわちマラエの整備と、パッイアツアすなわち神を包むものを更新することであり、そのことによってマラエや神像に神秘的な力が宿り、儀式による効能が確保されると信じられた。

亀と人面の岩面刻画

ボラ・ボラ島の中央部に切りたった岩山がある。標高七二七メートルのオテマヌ山で、小さい島の四方からその偉容が望まれる（図1）。この山の南麓のヴァイアティという小川に岩面刻画があることを、J・ガランガーとC・ロビノーの論文で知った。しかしその正確な場所がわからない。ホテルの女主人から地理にくわしいという老人を紹介してもらい、ヴァイタペの彼の家を訪れた。しかし病気であるからとて、港にある土産物店の女主人を紹介された。相撲取を思わせる巨軀である。彼女はスクーターに乗って岩面刻画の所在地を知っていそうな人の家を何軒もたずね、やっと一人の老人の案内人を見つけてくれた。

まずマタププ山（一三五メートル）の南側のポウアイ村に行った。十数戸ほどの集落である。この村の二人の青年の案内で、山のなかに入ったところ、横たえられた大きな石（二・九×二・一×一・三メートル）の側面に多くの形象が線刻であらわされていた。大部分は亀の刻画（図2／右は三四×一八センチ）で、大きな目をした人面（四二センチ）の刻画もある。この人面はマルキーズ諸島のビヴァ・オア島の刻画の人面と酷似している。この遺跡は川に沿っていないから、先述のガランガーとロビノーの本に書かれている遺跡とは違う。したがってこれらの刻画は新発見である。

図2　亀の岩面刻画(ポウアイ)

ここから約一キロ東方にあるヴァイアティ川を五〇〇メートルさかのぼった左岸の森のなかに、数個の石に彫られた刻画があった。多くは単純かつ力強く刻まれた大小区々《くく》の亀であるが（二六〜六〇センチ）、何をあらわしたのかわからない形象も少しある。伝承によると、これらの岩はオファッイ・ホヌと呼ばれ、この島と首長の神話的祖先をあらわし、それらとパヒア山との結合からヴァヴァウすなわちボラ・ボラがうまれたとされる。

民族移動の経路

ボラ・ボラ島が属するソシエテ諸島はオセアニアにおける民族移動において大きな役割をはたす。

そこでそれを概観しよう（図3）。
雑然としたオセアニア諸族の基本集団は中国南部で形成された。この集団が太平洋へ移動する契機となったのは漢人の膨張であった。かくして紀元前四〇〇〇年頃、インドシナ半島やマレー半島を経てインドネシアへ、別のグループはフィリピンへ進出した。ここからさらに紀元前一五〇〇年頃にミクロネシアに定着した。別の流れがインドネシアから前三〇〇〇年頃にソロモン諸島へ、さらに前一二〇〇年頃にヴァヌアツ、ニューカレドニア、フィジーに達した。ポリネシアではサモアとトンガが最も早く、前一三〇〇年頃に定着した。

やがて紀元三〇〇年頃に再び移動が始まる。最初の移住地はマルキーズ諸島で、サモアから四〇〇〇キロの海をカヌーで渡った。マルキーズからさらに五世紀から六世紀にかけてソシエテ諸島とイースター島、八世紀にハワイ諸島、そして九世紀にニュージーランドに移住した。これらの航海に用い

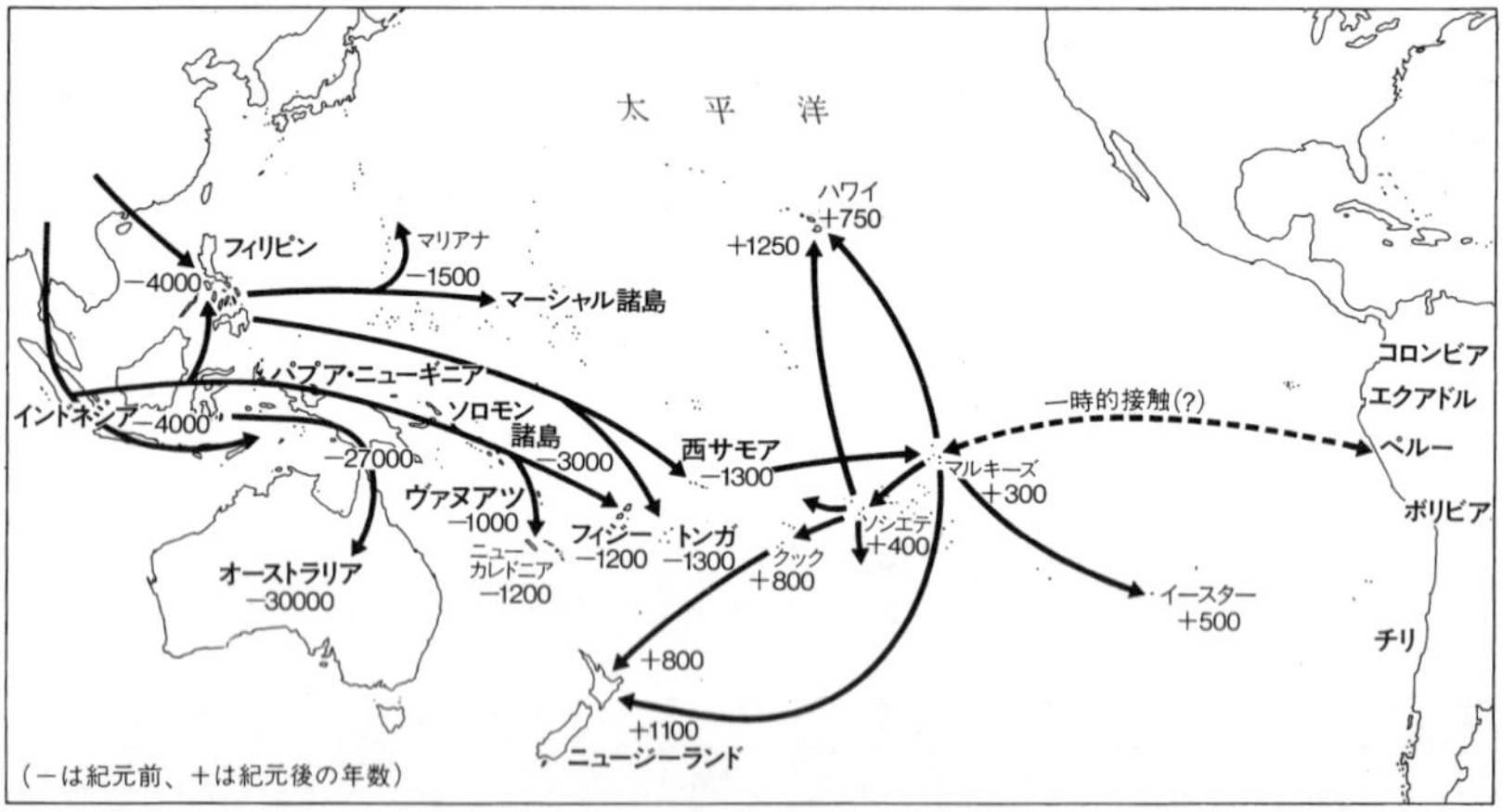

図3　民族移動の経路と年代

られた船はアウトリガー（舷外に取りつけられた安定用の浮材）つきの、シングルまたはダブルのカヌーであった。

しかしこのようなカヌーで何千キロもの遠距離航海が可能なのだろうか。そこで、一九七六年に古代ポリネシアのダブル・カヌーを模したホクレア号がつくられ、ポリネシア人の船乗りたちによって、ハワイ・タヒティ間片道五〇〇〇キロの往復航海が試みられた。そして成功した。なお、シングル、ダブルをとわず、アウトリガーをもつカヌーはこの地域にのみ見られ、西は東南アジアの島嶼部から、メラネシアやミクロネシアをへて、東はポリネシアまで、アウストロネシア語族が住んでいる地域と重なる。

また、一九七七年にビショップ博物館の篠遠喜彦氏は、ソシエテ諸島のフアヒネ島で、カヌーの一部である木板、マスト、舵取櫂《かじとりかい》などを発掘した。木板はカヌーの側板で長さ七メートル、幅五〇センチのもの二枚、マストは長さ一二メートル、そして舵取櫂は長さ四メートルという巨大なものであった。これらをもとに彼は、もとの船は全長二〇～二五メートルの帆走ダブル・カヌーで、一〇〇〇年頃のものと推定した。

4　ロトルア（ニュージーランド）

温泉地に渦巻くマオリ模様

ニュージーランドの地理と地図

ロトルアの「虹の温泉」に、太平洋地域の主要都市との距離を示す標識がある。それによると、東京八九六〇キロ、ホノルル七二三〇キロ、香港九二八〇キロ、台北九九〇七キロとある。すなわち、日本のずっと南にある香港や台北の方が東京よりも遠いのである。ニュージーランドがオーストラリアの東方約二〇〇〇キロ、東経約一七〇〜一八〇度にあり、日本よりずっと東に位置するからである（本州は東経約一三〇〜一四〇度）。

ニュージーランドやオーストラリアに、私たちが見馴れた、北が上の世界地図をひっくりかえした、南が上になった地図がある。それを眺めていると、ニュージーランドやオーストラリア、南アメリカ、アフリカ南部が世界で中心的な役割を演じているように感じられるから不思議である。

過去にも中世イスラーム地図のように、南が上になった地図があった。イスラーム地図がなぜそうなったかについて種々の議論があるが、ここではふれない。ただ、イスラーム教徒の活動舞台がインド洋であって、南十字星を指針として航海したからであるという説については、イスラーム・コンパスでも北極星が第一にあげられていて、やはり北天が中心であったことを指摘しておこう。

平面地図を見馴れている私たちは、たとえばアメリカやアフリカの広さについて誤ったイメージをもっている。しかし地球儀で測ると、アメリカ合衆国の東西幅は東京～カルカッタ間に相当し、アフリカの南北の長さ、すなわちチュニス～ケープタウン間の距離は、東京～サンフランシスコ間とほぼ等しい。

さて、このようにニュージーランドは南太平洋で孤立しているので、偏西風の影響をつよく受ける西岸海洋性気候でありながら、大陸の影響がおよばない。したがって気候の年較差は小さく、また南北の緯度差による気温の地域差や、降雨量の季節差も小さい。

マオリ人の拠点とする温泉地

一九八三年一二月、オークランドからバスで約二四〇キロ東南のロトルアへ行った。その間、ハミルトンという町を除き、小さな村落が点在し、工場らしいものは製材所がひとつあっただけ。そして牧場が延々と続き、耕された田畑はなく、樹木も稀である。ニュージーランドは「羊の国」として知られ、人間の二〇倍ほどの約六〇〇〇万頭の羊が飼われている。

ロトルアではまず地熱地区のファカレワレワを訪れた。ロトルア湖と南方のタウポ湖とのあいだは火山台地で、とくにここは世界の温泉の見本のようなところだからである。たとえば一時間ごとに約二〇メートルの熱湯を噴き上げる大間欠泉《かんけつせん》があり、ときには四〇メートルの高さまで噴出する。その隣には水面の高さが上下する温泉池があり、水面が下がると間欠泉の噴出が始まる。そして煮えたぎる泥が跳ね上がることから「カエル池」と称される泥泉（図1）や、淡いエメラルド色に澄んだ熱湯の湖もある。

このファカレワレワは、また、ニュージーランドの原住民であるマオリ人の本拠でもある。この地が温泉や噴気などの熱資源に恵まれているので生活しやすく、人びとが多く集まった。現在、マオリ人はロトルアのある北島に集中して住み、ニュージーランド人口の約一割を占めている。

ニュージーランドがめざしてきたのは「平等社会」と「二文化併存」である。前者は完備した社会

図1　「カエル池」と称される泥泉

保障制度〈医療無料化、教育無料化〈幼稚園から大学まで〉、年金制度拡大、週四〇時間労働など〉に示され、後者はパケハ（ヨーロッパ系）とマオリ系の文化を同等に尊重することにあらわれている。

先住民のモリオリ人

マオリ人は一一〇〇年頃から数次にわたって、ポリネシアのソシエテ諸島やトンガ諸島から移住してきたが、その移住は十四世紀に最高潮に達した。かれらがニュージーランドに到着したとき、モリオリ人が住んでいた。モリオリ人は八〇〇年頃にマルキーズ諸島から移住してきた、ポリネシア系の狩猟採集民で、モア（絶滅した、人間の背丈ほどの飛べない鳥）などを狩り、ポリネシアの真珠貝製の鰹《かつお》用ルアー（擬餌《ぎじ》）を模倣した、小魚用の石製ルアーや、マルキーズ諸島と同じ銛《もり》を用いて漁撈した。かれらは一九三三年に最後のひとりが死亡して絶滅したが、それはオーストラリアのタスマニア原住民の悲劇に似ている。

ところで、ニュージーランドとは、一六四二年南島を「発見」したA・J・タスマンが故国オランダのゼーラント州にちなんで名づけた「ニーウ（新）ゼーラント」の英語読みである。

マオリ人はサツマイモ・タロイモ・ヤムイモなどを栽培する農耕と、採集・狩猟・漁撈をおこなう。基本的な社会単位は拡大家族（ファナウ）で、亜部族（ハプ。いくつかのファナウからなる親族集団）、部族となる。身分的階層分化が進んでいて、貴族・平民・奴隷にわかれる独特の身分社会を形成し、貴族の土地占有や系譜を重んじる。しかし近年、多くのマオリ人が都市部に居住するようになって、かつてのファナウを基盤とする社会組織が急速に消失しつつある。

入墨をあらわす繁縟《はんじょく》な文様

そのような状況のなかで、ロトルアでは集会所を中心に伝統文化の重要な部分が伝承されている。マオリの「パ」（集落）を訪れると、おびただしい彫刻が家々を飾っている。住居の柱や壁、戸口および窓の枠や楣《まぐさ》、破風《はふ》などに、祖先や神話的存在や抽象文様をほどこし、神聖な色である赤や魚油を塗る。

各村に大きな集会所があるが、図2はオヒネムツ村のもの。この集会所は破風造りであり、平面プランが長方形で、一方の端に突きでたポーチがある。破風や戸口だけでなく、建物全体が浮彫で覆わ

図2　集会所（オヒネムツ村）

図3　集会所の壁面彫刻（ロトルア／近代）

れている。内部も壁や柱に彫刻がほどこされたり彩色されたりしている。

図3は浮彫された人物群像で、正面向きの人物と頭を横に向けた人物が交互にあらわされている。横向きの人物は、その口が嘴《くちばし》状になっていて、マナイアと呼ばれる。このマナイアがイースター島のオロンゴ岬の浮彫のような鳥人なのか、正面向きの顔から派生したのかについては議論があるが、ニューギニアのセピク地方の、中央の人物を両側から守る鳥の彫刻を勘案すると、鳥人のようである。それにしても、全身を覆う繁縟《はんじょく》な螺旋《らせん》形、渦巻形、山形、ジグザグ文様が特異である。しかも図3の正面向きの人物の場合、右方では肩や腰や脚に別方向にはしる二〜三本の螺旋、中央の人物では木の葉形の文様、左端に少しだけ見える人物では同心円形、といった具合に変化している。

これらの身体装飾は入墨をあらわしている。入墨は英語でtattoo、フランス語でtatouageというが、それは十八世紀後半にJ・クック船長が、ポリネシアのタヒティ島でtatauと呼ばれていた入墨の風習をヨーロッパ社会に紹介したことに由来する。この入墨はマオリ人のあいだでは、主に男がおこなうが、その程度は男女ともさまざまである。身体に彫る入墨は成年のしるしであり、既婚女性の顎に入れた入墨はモコと呼ばれて年齢と権威を示す。

丸彫人像の造形

マオリ人は丸彫人像もつくる。それらは部族の祖先をあらわすが、崇拝の対象となるものは少ない。頭部が著しく大きく、それに比して他の部分は小さく、大きく開いた口から舌を出す。浮彫と同じように顔や胴に渦巻形や連続する点が彫られている。手は通例、図3の浮彫人物もそうであるように開いたまま腹の上におく。また、ときには本物の髪の毛をとりつけることもある。それにしても、像の量塊性と装飾文様の図式性とが際《きわ》だった対照を示す。

マオリ人のあいだでは、首長の頭部は「タプ」と呼ばれ、力と尊厳を内包すると考えられている。したがって首長の頭に触れた人は、それのもつ危険な力を吹きこまれたことになる。首長の毛髪およびその髪につける鳥の羽根も同様である。それ故に首長の毛髪は切られたらすぐに儀礼用に埋葬され、鳥の羽根は特別の木箱に収められる。この木箱が「フイア」と称されるのは、現在では絶滅しているフイアという鳥の羽根が最も尊ばれたからである。このような事情によって、先述の頭部に本物の髪の毛を植えつけた男性小像だけが、マオリ人のあいだで例外的に礼拝の対象となる。

このような彫刻はカヌーの舳《へさき》や艫《とも》にもほどこされる。カヌー彫刻の場合、家屋の戸口などとちがって四角の枠に制約されないから、その文様構成はより自由であり、また透彫《すかしぼり》が多用される。

なお、古い優れたマオリ彫刻の多くは、現地のニュージーランドよりも、アメリカ合衆国のボストン、セーラム、フィラデルフィアなどの博物館に収蔵されている。その理由は、これらの港を基地とする捕鯨船によって持ち帰られたからである。

5 アーネム・ランド（オーストラリア）

アボリジニの木彫と樹皮画

ドローシー・ベネットさん

一九八三年一二月、オーストラリア北部のダーウィンを基地にして、アーネム・ランドとその近隣諸島を旅した。このあたりは、オーストラリア原住民（アボリジニ）の保留地になっていて、外部の人は勝手に入れない。なおダーウィン名は博物学者のC・R・ダーウィンがかつてこの地を訪れたことにちなんで、一九一一年につけられたとされている。しかしそれよりもずっと前の一八三九年、イギリス海軍の測量船ビーグル号のストークスが、この船に乗って『ビーグル号航海記』（一八三九年）を書いたダーウィンにちなみ命名した（その間、一八六九年に入植されてパーマストンと名づけられたことがある）。

そのダーウィンから、私はドローシー・ベネットさんの案内で、小型飛行機でバサースト島やイルカラ地方に飛んで彫刻や樹皮画を調べ、また自動車でカカドゥ国立公園の先史岩壁画遺跡を探査した。ベネットさんはアボリジニの美術を保存、研究、販売する「オーストラリア原住民美術信託」をつくり（一九六二年）、かれらの生活に資するため、その美術工芸品を展示即売するギャラリーをダーウィンやシドニーなどで運営している。

「インディ・ジャルマ・ヌガンディ」（よく働くおっかさん）、これがベネットさんの愛称で、彼女にたいするアボリジニの信頼は絶大である。彼女が村に着くと、家々から女たちがとび出してきて、彼女の手を握り、抱きつく。しかし男たちは親愛の情を示すが、抱きついたりはしない。

なお一九七一年、オーストラリア政府はアボリジニ・アート局を創設し、かれらの美術工芸活動を推進するため、アート・アドバイザーの派遣を開始した。

アボリジニの生活

かつてオーストラリアのほぼ全域に住んでいたアボリジニは、探検家のJ・クックが来た十八世紀には約三〇〇万人いたと考えられている。しかしその後、ヨーロッパからの移民に獣のように扱われて、一九三〇年代には四万五〇〇〇人に減ってしまった。政府は責任を感じ、保護政策をとったので、現在では約八万人まで回復した。

しかしかれらの多くはすでに伝統的な狩猟採集の生活様式を失い、「ジャッカル」（居候）と呼ばれながら牧場の下働きをしたり、ダーウィンなどの街では「困り者」としての生活を送っている。またバサースト島などでは、ヨーロッパ人の指導のもとにスクリーン捺染や陶器づくりに励む人たちもいる。これらの工場はアボリジニに仕事を与えるために一九七〇年代につくられた。

他の地域にくらべてヨーロッパ人が少ない北部では、かれらがアボリジニと定期的に接触するようになったのは二〇世紀に入ってからである。したがって、とくにアーネム・ランドにはアボリジニの伝統文化がかなりよく残っている。かれらは本質的には狩猟採集民であるから、男たちはカンガルー、ワラビー、エミュー、トカゲなどを狩り、女たちは果実、イモ類、鳥の卵、カブト虫などを採集する。また筬《ど》、網、釣糸、銛《もり》などによって魚をとる。

アボリジニは現実の時間のほかに、永遠の「夢の時代」があると信じている。「夢の時代」ではカンガルーやエミューが砂漠を自由に往来して、土地に神聖な影響を与える模様をつくるという。したがってかれらの儀礼は「夢の時代」の祖先であるトーテム動物の多産を祈るためのものである。

バサースト島の木彫

小型飛行機でバサースト島にとんだ。ングイウ村に簡易飛行場がある。この島には約一四〇〇人のティウィ人がいるが、みんな同じ形のプレハブ住宅に二〇〜三〇人の大家族にわかれて住んでいる。隣のメルヴィル島にもティウィ人が住んでおり、二島を総称してティウィ島と呼ばれる。

アボリジニはかつては移動生活をおこなっていたので、家は仮設の簡単なもので、彫刻もあまりつくらなかった。しかし若干の儀礼用の祖先像やトーテム像、死者のための墓標が木でつくられた（図1）。前者は使用後にこわされたが、後者は残された。この墓標から人物像や動物像が発達したが、その起源はそう古くない。主題と機能に応じて、宗教的なものと世俗的なものとに分かれ、高さ六メートルにおよぶものがある。

人物像には種々の形式があるが、写真のバサースト島のティウィ人像の例に即していえば、つぎのような経過で展開した。まず墓標（図1）の延長としての柱状の人像が一九二〇年代につくり始められ、ついでこれに脚と台座が加わる。やがて胴の両側が少し盛りあがって腕があらわされ（図2）、その腕が胴体から離れて写実性を増す。そして最後に、プカマニ儀礼に関連するプルカパリの祖霊像のように、髪の毛や貝殻の目などが加えられて、細部の表現が詳細になる。なお、鳥の像では、羽や背中の部分に種々の幾何学的な文様がほどこされる。

ティウィ人の木彫は一本のユーカリから彫りだされるが、原木に即して円筒形に造形され、その表面に縞《しま》、菱《ひし》、井桁《いげた》など種々の幾何学的な文様が彩色されて象徴性を濃くする。

東部アーネムランド、とくにイルカラでは、ミルク・ウッドと呼ばれる軟かい木でつくられた鳥や魚の彫刻が、儀礼用人物像とともに多い。すべて一本の木から彫りだされ、彩色されるが、後述する

図1　ティウィ人の墓標
（ングイウ／バサースト島／近代）

図2　ティウィ人の木製人物像
（ングイウ／バサースト島）

樹皮画と同じく、彩色された表面を鋭いナイフで線刻して、白い木質を露出させて文様をつくる。

イルカラの樹皮画

樹皮画の歴史もそう古くないが、十八世紀のヨーロッパの探検家や十九世紀の入植者が樹皮画について書いているので、二〇〇年以上の歴史をもつことは確かである。もとは宗教的な目的のためにつくられ、使用後はこわされたが、現在ではアーネム・ランドに存続して、純然たる美術品として制作されている。したがってその作者名がわかっているものが多数存在する（図3）。

イルカラは美術活動の盛んな地で、とくに樹皮画にすぐれたものが多い。樹皮はキナの木から雨期に剝がされるが、この作業は慎重におこなわれる。まず、節も裂け目もない、真っ直ぐな樹皮をえらび、それを鋭い斧《おの》で注意ぶかく長方形に剝ぐ。この地方のキナの木の樹皮は薄く、他の地方の厚い樹皮にくらべると処理しやすい。そして湾曲した樹皮を平らにするために火にあぶり、さらに石で重しをすることは他の地方と同じであるが、イルカラではそのほかに樹皮の両端に小枝をあてがって、細糸でしばり、樹皮が反《そ》るのを防ぐ。彩色する前に、野生蘭の茎をおしつぶし、その汁を定着液として樹皮の表面に塗る。顔料はすべて天然のもので、赤土、黄土、白いパイプ泥、黒いマンガン鉱（これは少ないので木炭を用いることが多く、ときには古い電池の炭素を用いることもある）など。

樹皮画の主題は、かれらの岩面画と同じく、「夢の時代」の神話に関するものが多く、その物語やデザインは父から息子に伝えられる。しかしそのための粉本《ふんぽん》めいたものはないので、子は伝承を継承するだけでなく、新しいデザインを加える。このような樹皮画を描くのは伝統的に男性に限られるが、最近は女性が描くことも時折ある。その場合、輪郭線は彼女たちの夫や父が描き、また女性の作品には漁撈などの日常的な主題が多い。

神話の精細な慣習的表現

図3はマウワランという人の作品で、ジャンガウォ神話をあらわす。ジャンガウォは大昔の「夢の時代」の英雄で、オーストラリアにやって来た最初の人とされている。この絵はその物語をあらわした五枚の絵のなかの五番目のもので、画面を分割して六つのエピソードを描写している。複雑かつ精細な表現で、画面を形象の部分と地の部分にわけ、人物や各種の文様を全面に埋め、それらを毛髪製の筆で細密に描いている。人物はいずれも正面を向いて硬直しており、屈曲する脚は舞踊の運動をあらわす。抽象的文様の多くは、儀礼にさいして男たちが胸にほどこすボディ・ペインティングに似ている。これらの文様には、空間を充塡《じゅうてん》するために用いる意味のないものと、伝統的に受けついでき

図3　樹皮画　マウワラン（1908～1967年）作（イルカラ／アーネム・ランド）

たパタンで内部の者にしかその意味がわからないものと、純粋に個人的なものとがある。

国際的に注目をあびる

アボリジニ・アートはいま国際的に注目をあびている。その背後には先述した政府のアート・アドバイザーによるアクリル絵具の導入がある。中央砂漠のパパニア村（アリス・スプリングスの北西二〇〇キロ）では、一九七一年にカンヴァスにアクリルで点描風の絵画が描かれ始め、そのなかからエミリー・ウングワレーのような有名画家があらわれた。彼女の個展は二〇〇九年に東京と大阪の国立美術館で開催され、その絵画はサザビーズ・オークションで数十万ドルで落札されている。ちなみに、クリフォード・ポッサムの絵は二〇〇七年に二四〇万ドルで落札された。

タブロー絵画だけでなく、樹皮画についても同様で、ダーウィンの東約二〇〇キロのマニングリダ村のマウンジュル（男性）やガランブ（女性）の抽象絵画が国際美術界で高く評価されている。二〇〇二年に開館した、パリの国立ケーブランレー美術館の各階天井に、八人のアボリジニ画家の絵が拡大コピーされている所以である。

V　アメリカ

1 オアハカ（メキシコ）

先住民文化の本拠

民族芸術の宝庫

メキシコ・シティからプエブラ（近くのチョルーラのピラミッド、カカシュトラの壁画群を含む）を経て、オアハカに着いたのは、一九九九年七月末の暑い日の午後であった。メキシコ風バロック建築のサント・ドミンゴ教会から、瀟洒《しょうしゃ》なコロニアル建築が連なるマセドニオ・アルカラ通りを行くと、サポテカ人やミシュテカ人のつくった民芸品を売る商店や露店が軒を並べていた。オアハカ州に住む先住民の割合はメキシコで最も大きく、民族芸術の宝庫なのである。

たとえば、色鮮やかな民族衣装ウイピルは、アムスコ調（エンジ色）やヤララー風（白を基調にした花柄）など、村ごとに異なった色や刺繡が施されている。織物には厚手のサラペと薄手のパラメサがあり、天然染料が用いられている。さらに敷物のタペテ、肩掛けのレボッソなどがある。

陶器は、近郊のサン・バルトロ・コヨテペックでつくられた、バロ・ネグロと呼ばれる、光沢のある黒陶や、フチタンのカルスという緑色陶器が名物である。木彫はサン・アントニオ・アラソラの特産品で、アレブリ（「空想的な生物」の意）と称される、多彩なドラゴンやアルマジロなどがある。

また、オアハカは金の産地なので、金製品も豊富で、後述するモンテ・アルバン遺跡の出土品にヒントを得たデザインなどがある。

ファレス大統領の生地

街の北西にあるフォルティンの丘の中腹に、ベニト・ファレスの大きな肖像彫刻が立っている。市内には彼の事績を描いた大壁画もある。ファレスはメキシコ史上唯一の先住民大統領で、オアハカ近郊にサポテカ人として生まれ、十二歳のときにオアハカの有力者の書生として十年間すごした。そのときの家がサント・ドミンゴ教会

の近くに残っている。

ミゲル・イダルゴがメキシコの「独立の父」とすれば、ファレスは「建国の父」である。彼は一八四八年にオアハカ州知事になり、インディオ社会の保護、師範学校の創立、軍隊の再編成を手がけたが、政変のため追放された。やがて革命によって復活したファレスは、司法長官として軍人や教会の特権を廃止した「ファレス法」を制定し、さらに臨時政府を樹立して、教会財産の国有化や自作農の育成などを盛りこんだ画期的な改革「レフォルマ」を断行した。この語はメキシコ史で「レフォルマ時代」として用いられ、また道路などの名称としてよく使われる。

ちなみに、メキシコ・シティのレフォルマ通りなど五つの大通りの合流点にある『新しい若駒（一九九二年）』という、若い馬の頭部をあらわした、高さ二八メートルの大彫刻は、私と親しいセバスティアンの手になる。

都市の興隆とモンテ・アルバン

オアハカ谷に最初の定住農耕村落がうまれたのは、紀元前一五〇〇年頃である。はじめは十数戸の泥壁家屋の集まりにすぎなかったが、前一一五〇年頃、北部のサン・ホセ・モゴテでは八〇~一〇〇戸に増え、低い基壇上に白壁づくりで家がつくられ、祭祀建造物があらわれた。そして前八五〇年頃、サン・ホセ・モゴテで身分制をもつ階層社会が出現したが、それにはトウモロコシの穂の大きさが二倍になるような品種改良がおこなわれたことが関係している。

このような先行文化を継承して、オアハカの南西一〇キロに、広大な祭祀センターのモンテ・アル

図1　モンテ・アルバン遺跡
(「北の基壇」からの眺め/前500~後950年)

バンが建設された。比高四〇〇メートルほどの丘陵上の遺跡で、頂上を人工的にけずった台地に、東西二五〇メートル、南北七〇〇メートルの広場をかこむ大建築群があり、その周囲に無数の居住用テラスがつくられている。図1は「北の基壇」から見た「中央複合体ピラミッド」で、その後方に「南の基壇」が見え、右端は「踊る人の神殿」である。このような形になったのは二〇〇～六〇〇年であるが、紀元前五〇〇年頃に先述のサン・ホセ・モゴテなどの地域集団が連合して、首都をモンテ・アルバンに置いたことに始まる。最盛期の人口は約三万人と推測されている。しかし紀元後六〇〇年をすぎると、新たな建築はあまりつくられず、墓地として用いられるだけになった。墓はそれ以前からつくられていたが、モンテ・アルバンを特色づける一五〇以上の地下石室墓のなかには、美しい壁画で飾られ多くの副葬品を伴なった首長級の墓も見出されている。

「踊る人」の彫刻

基壇に登り、まわりの肥沃《ひよく》な広い谷を眺めると、この場所を聖地と定めた昔の人びとの気持がよく分かる。遺跡の南西隅に、モンテ・アルバンI期（前五〇〇～前二〇〇年）の通称「踊る人の神殿」がある。外壁にはめこまれていた石板に「踊る人」と呼ばれる奇妙な姿態の裸像や、象形文字および暦が浅浮彫で刻まれていた。この象形文字はメソアメリカ最古の文字で、マヤの神聖文字の起源と関係があるのかも知れない。

「踊る人」（図2）は一四〇点ほど見出されているが、顔はすべてプロフィールで、身体は前向きまたは横向きである。しばしば性器があらわされ、なかにはそれが切り取られて血が滴るさまが表現されている。メソアメリカでは裸は捕虜にたいして加えられる辱《はずかし》めであったから、「踊る人」は捕虜であるとされるが、閉じた目、開いた口などから死体をあらわすという説もある。また、その厚い唇や低い鼻はオルメカ人像の特徴でもあるので、この期の文化はオルメカの影響下にあったと考えられる。なお「踊る人」に酷似する裸の人物をあらわした石板が、ペルーのセロ・セチンから見出されている。

モンテ・アルバンに球技場がある。四一×二四メートルで、大きく傾斜した側壁の北東と南西の端に小壁龕《へきがん》があり、神像などが置かれたらしい。また、上から見ると鏃《やじり》の形をした「天文台」があるが、他の建物とちがって東北に四五度傾斜しており、その外壁は象形文字を刻んだ平石で飾られている。このような球技場や天文台はマヤやトルテカの文明に受けつがれる。

図2 「踊る人」
(モンテ・アルバン/前500〜前200年)

モンテ・アルバンは十世紀頃に放棄され、サポテカ人にかわってミシュテカ人が台頭し、十五世紀にアステカ人に征服されるまで、オアハカ地方を支配した。かれらはサポテカ時代の墓を利用して死者を埋葬した。その代表的なものが第七号墓で、土器、骨壺、金、銀、ヒスイ、トルコ玉などの副葬品が見出された。とくに金銀細工品がすぐれていて、オアハカ地方博物館で見ることができる。

モザイク装飾の美しいミトラ建築群

九〇〇～一二〇〇年、サポテカ人はモンテ・アルバンのかわりに、その東方六〇キロのミトラに壮

図3　「列柱の建造物」のモザイク装飾（ミトラ／600～1500年）

麗な祭祀センターを築き、その後、スペインに征服されるまで栄光を保ち続けた。

ミトラ遺跡は東西五〇〇メートル、南北三〇〇メートルの広さを占める五つの建築群からなり、いずれも広場をとりまいている。その特色は、建物の外壁だけでなく、内部の部屋の壁も、雷文、階段文、渦巻文などで覆いつくされていることである（図3）。これらの装飾は、一〇×五センチくらいの小さい石を組みあわせたモザイクによっておこなわれている。

ミトラとは古代ナワトル語のMictitlan（死者の場所）に由来するが、ミトラ遺跡も特定時期に埋葬地として用いられた。一七世紀にスペイン人宣教師が地下からサポテカの王たちの墓を見出したが、多くの生贄《いけにえ》の死体に驚いて再び封印して埋めたと、当時の修道僧が書き残している。

ミトラ遺跡からの帰途、エル・トゥーレという小村にある世界最大の巨木を訪れた。高さ四二メートル、幹回り五八メートル、幹の直径一四メートル、樹齢二〇〇〇年のヌマスギ属の木である。

テキーラのこと

また、メスカル（竜舌蘭《りゅうぜつらん》）を原料にして蒸留酒をつくる工場を見学した。いわゆるテキーラの醸造所である。テキーラはサボテンからつくる酒といわれるが、実際は竜舌蘭のアガベ・テキラナの葉をとった丸い茎（ピーニャと呼ばれ、形がパイナップルに似る）を蒸焼きし、圧搾《あっさく》し、発酵させ、蒸留した酒である。これをプルケと呼び、アステカ人が八三三年につくり始めたと伝えられる。なお、アガベ・シサラナからはサイザル麻がつくられる。

テキーラには蒸留したすぐ後のブランコ（香りがよい）、一年以内のレポサード（味がやわらかい）、長く貯蔵したアニュホ（色が濃く、あまい味）などがある。そのカクテルにはオレンジジュース、グレープフルーツ、レモンなどを用い、一片のライムを添える。

そのテキーラを私は、細長いチーズをぐるぐる巻きにして、野球のボールぐらいの大きさにしたのを肴に賞味した。

2 ナスカとパラカス（ペルー）

不思議な地上絵とユニークな工芸

不思議なナスカの地上絵

一九三九年、ペルー南部のナスカのパルパ台地で、アメリカのP・コソック博士が飛行中に不思議な造形物を発見した。一木一草とてない砂漠に、空からしか見えない巨大な地上絵が見出されたのである。コンドル・ハチドリ・オウム・アヒル・ペリカンなどの鳥、各種の魚、サル（図1）・イヌ・イグアナ・クモなどの動物、花や木や人間の手などのほか、人物と動物が混合したフクロウ人間もある。しかし大部分は三角形、四角形、平行線、交差線、ジグザグ線、渦巻きのような抽象的な図形である。大きさは数十メートルから数キロメートルである。

具象的な図柄のなかで最も多いのは鳥をあらわしたもので、はっきり特定できるものだけでも一三例ある。ついで魚が多く、これは海に近いという環境を反映している。一般に地上絵の具象的図柄の多くはナスカの彩色土器の図柄に類似している（図2）。これらの具象的図柄は『サル』（図1）のように一筆がきであらわされる。このサルの片方の手の指は四本しかない。

抽象的図形のうち、平行線や交差線は道路であるという学者がいる。しかし道路ならば特定の目的地につながるはずであるのに、線は突然途切れている。そこで、巨大な構築物であるとか、樹枝状に

図1　地上絵のサル（全長80m／ナスカ／6世紀頃）

あらわした系図であるとか、宗教的な行列の印であるとかの説が出た。このパレードの印というのは、死者のための織物にすべてを捧げたナスカ人が、砂漠に向かって弔《とむら》いの行進をするための標識をつくることに全力を傾けたというもの。

宇宙人説も当然でてくる。大きな三角形や四角形は何らかの飛行物体の滑走路であり、鳥のような図形は惑星間飛行のための標識であるとする。

現地で地上絵を長年研究しているM・ライへは、多くの直線の方向を計測して、そのなかの若干が特定の星の出る方向と一致することから、これらは天体観測図であり、具象的な動物の絵は星座をあらわすと説く。またA・アヴェニは、地上絵の大部分を占める直線や長い台形が集まるところをライン・センターと名づける。放射状に直線が発する、このセンターは全部で六二か所あり、山の麓や水の近くに位置し、生活に用いられた形跡がない彩色土器が見出される。したがってそこで儀礼がおこなわれ、地上絵の直線は水の神に祈りを捧げる儀礼の歩行路であったという。それにしても、空からしか見えない、このような巨大な地上絵がなぜつくられたのかという疑問は残る。

地上絵のつくり方は、黒っぽい地上の石を一〇センチほど掘り下げて溝をつくり、下の白い石を露出させる。おそらく板切れで溝をつくったのだろうが、ときには布袋やモッコのようなものが用いられたのかもしれない。それにしても、こんなに浅い溝がなぜ風にかき消されないのか。その理由は、図形上に堆積する邪魔な小石は、昼と夜の激しい温度差でくだけ、風でとび散るので、いつまでも図形が保たれるのである。

制作時期については、直線の端に残されていた木の杭の放射性炭素測定によって、紀元前後から六〇〇年頃にかけてつくられたことがわかっている。とにかく、約五〇〇平方キロにわたってひろがる地上絵は、古代人の途方もないエネルギーをいまに伝えている。

『エル・コンドル・パサ』

ペルーにブドウを発酵させてつくる蒸留酒のピスコがある。アルコール度は四五度。リマの天野博物館からもらった、そのピスコを嘗《な》めながら、ナスカの地上絵、とくにコンドルを遊覧飛行で眺めていた。すると、かつて大ヒットした『エル・コンドル・パサ』(コンドルは飛んでいく)の曲の記憶が蘇った。

この民謡は、正統なインカ皇帝の子孫と主張してトゥパック・アマルーと称したJ・G・コンドルカンキ(一七四一～八一年)が、植民地政府と戦って敗れ、捕えられて四つ裂き刑に処せられたが、彼の体は裂けずに空に浮かび、コンドルになったという伝説にもとづく。コンドルはアンデスの宗教で最も重要な役割をにない、紀元前一〇〇〇年頃のチャビン文化以来現代まで、地上絵のみならず、さまざまな造形芸術に頻出する。

色彩ゆたかなナスカ土器

地上絵がつくられたのと同じ時期に、ナスカの土器は最盛期をむかえた。紀元前二〇〇年頃、これまでの焼成後に彩色する技法にかわり、焼成前彩色の技法が発明されて、土器制作は大きな飛躍をとげた。

ナスカ土器は大別して二つの段階にわけることができる。初期段階にはくすんだ赤ないし白のスリップ(化粧土)をかけた上に、猫科動物などの動物や植物を大づかみに様式化してあらわす。後期段階になると、土器の表面の調整や焼き方が念入りになり、九色におよぶ色彩が用いられる。白、黒、灰、クリーム、黄、橙、赤(種々の変化あり)、茶、褐色などの三色ないし八色が用いられて、神話

図2　彩色人物文双注口壺
(ナスカ／紀元前後〜600年)

的人物や超越的存在をあらわした図柄が多くなる（図２）。器形はモチェの鐙《あぶみ》形と異なり、図2のような橋形双注口付壺や口の広い鉢など、単純な形が大部分である。動物モティーフはシカ、リャマ、鳥、トカゲ、魚、ヘビ、ウナギなどが多い。頭が二つあり、片目が必ず小さく、ときには尾を欠く双頭ウナギのような特殊な表現があるが、おそらくナスカ人の宗教と関連するのだろう。植物モティーフにはトウガラシ、マメ、トウモロコシなどの野菜が多い（図２）。

これらの人物、動物、植物はいずれも著しく抽象化され、器形にうまく合わされて、無駄なものは一切描かれない。対象の巧みな抽象化、自在な描画、美しい色づけ、きめのこまかい土質——ここには洗練された優美と秀抜な感覚があふれている。

自在な色と形のパラカス刺繍

ペルーの南海岸のパラカス半島とナスカを中心に、すばらしい織物がつくられた。パラカス文化とナスカ文化との関係は、ナスカの谷のワカ・デル・ロロの発掘結果にあらわれている。ここにその詳細を述べる余裕はないが、要するに、初期にはパラカス・カベルナス文化とパラカス・ネクロポリス文化の土器、中期にナスカA・X・B型の土器、後期にティアワナコ文化の影響をうけたナスカY型土器が出土する。ナスカ文化は紀元前二〇〇年～紀元後六〇〇年に栄えたから、他の文化はその前後に位置することになる。

パラカス半島は非常に乾燥していて、その大部分は砂漠であるが、この環境が織物の保存に役立った。というのは、これらの織物はミイラを包むために用いられ、日常品ではなかったからである（図

3)。J・C・テーヨは一九二五年と二七年に、このようなミイラの包みをともなった二つの大墳墓をパラカス半島で発見したが、二七年発見の墓地（ネクロポリス）からは四二九個の包みが出土した。ミイラの包み方は、まず屈《かが》んだ姿勢の死者に簡単な衣を着せ、頭に金の装飾をほどこしたターバンなどを巻き、浅い円形の籠《かご》に入れる。ついで身体に肩掛け、シャツ、マントを幾重にも巻いて、大きな包みにしていき、下部の直径と高さをともに一・六メートルほどの円錐形にして葬る。

パラカス出土の織物は、平均一・三×二・五メートルと大きく、なかには幅三・九メートル、長さ二五・五メートルに達するものがある。リャマ、アルパカ、ビクーニャの毛や木綿の糸を織った地に、

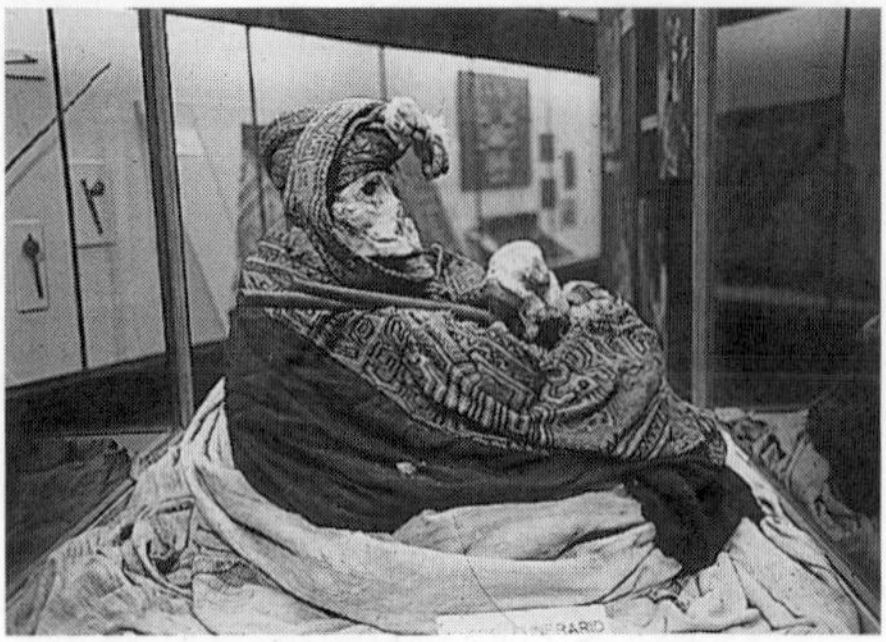

図3　織物に包まれたミイラ
（パラカス・ネクロポリス／前200～後200年）

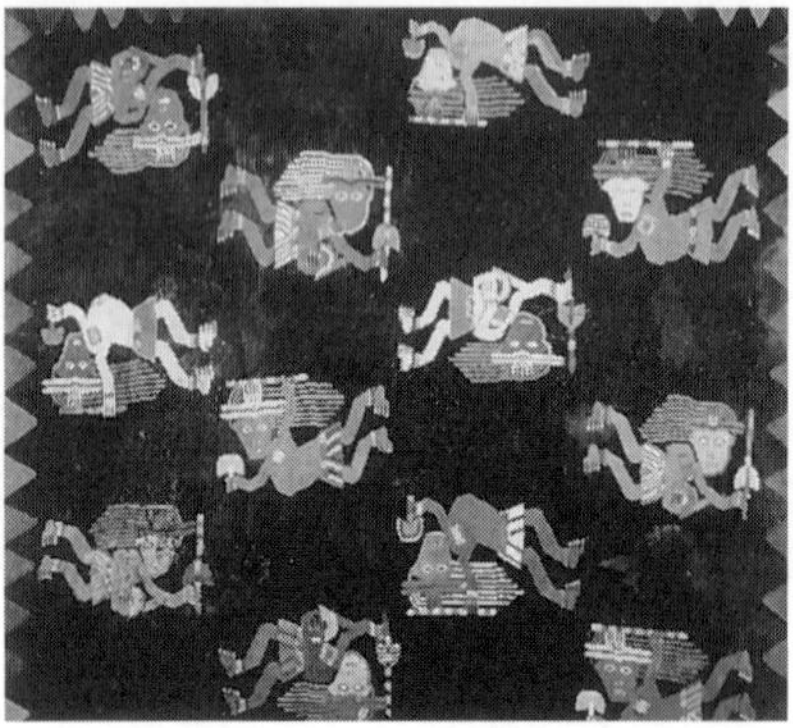

図4　人物模様刺繍
（パラカス・ネクロポリス／前200年頃）

四色以上の糸で精細に刺繡がほどこされ、入念につくられた縁飾《ふちかざ》りがつけられている。また明るい縁の部分を木綿で織り、暗い内部をリャマかアルパカの糸で織って、明暗および組織を対比することもあり、図4はその例である。

黒い地に、泳ぐような姿の人物が赤、黄、青、橙《だいだい》、緑、茶、ピンク、白などであらわされている。しかもこれらの人物が上下左右に向きを変え、手に持つ棒を縦と横に変え、顔、上衣、スカート、腹帯の色彩が自由に組みあわされて、同じ人物がひとつもない。あの世へ飛ぶ使者か、それとも踊っているところなのか。また、これらの神話的人物は、刺繡という技法のゆえに角ばった趣《おもむ》きを呈するが、それがかえって独特の美しさを示す。このように対象の巧みな抽象化、自由な組みあわせ、豊かな色彩に、パラカス染織品の特色がある。

パラカスの染織品の主題には、図のような人物のほかに魚や鳥や爬虫《はちゅう》類や節足動物などがある。双頭のヘビないしヤスデが色彩とサイズを変えてあらわされたり、多くのヘビをともなうロボットのような人物が、手に杖と首級《しゅきゅう》を持ち、頭上に冠《かんむり》をのせて表現されたりする。これらの織物は、いわゆる座機《ざばた》によって織られ、糸でつくられた垂環綜絖《そうこう》を用いて、経糸《たて》を奇数・偶数にわけ、緯糸《よこ》を通す。したがって図様はいきおい垂直よりも水平の連続を示すことが多くなる。

高い技術のナスカ織物

ナスカにはパラカス・ネクロポリスのようにミイラに幾重にも織物を巻いた、念入りな包みはない。そのかわりに死者に多くの土器を副葬する。またナスカには、パラカス風の刺繡のほか、綴織《つづれ》、紋織、縫い編みなどがある。綴織は一九〇もの色を使いわけ、動植物や人物のモティーフを複雑に織り込むという、驚くほど高度な技術を用いている。種類はターバン、ポンチョ、スカート、肩掛けなどで、様式化された猫科動物、鳥、魚、人物などがあらわされる。しかも同じ文様を色彩やサイズを変えたり反復したりして、自在に組みあわせる。そのことによって布いっぱいに文様があらわされ、あたかも空間恐怖にもとづくかのようである。

3 テオティワカン（メキシコ）
南北アメリカ最大の古代都市

「神々の御座所」

メキシコという国名はナワ語のメシコに由来する。この語は「メシトリの国」を意味するが、メシトリはアステカ人（メシカ人）の主神ウツィロポチトリの別名でもある。アステカ人は中央高原のテスココ湖上の島に、テノチティトランという壮大な都市をつくった。これが現在のメキシコ市のもとである。一五二一年、この都市を初めて目にしたスペイン人は、その壮麗さに驚いた。「夢幻の世界とはこれか、と我々は口々に言った。高い塔、神殿、建物などが水中にそそりたち、兵士のなかには夢を見ているのではないか、とわが目を疑う者がいた」と、H・コルテス軍の記録係が書き記している。

現在のメキシコ市は、テノチティトランの神殿や宮殿などを壊し、その石材で旧市街の上にスペイン様式の市街地を築き、湖を埋めたててつくられた。その様子はソカロ（中央広場）に近いテンプロ・マヨールなどに見ることができる。

しかし、スペイン人が驚いた、テノチティトランよりも千年以上も古い巨大な都市遺跡が近くにある（メキシコ市の北東五〇キロ）。アステカの人たちは「ここは月と太陽の神が誕生した地であり、神々が眠る聖なる墓地にちがいない」と考え、テオティワカン（神々の御座所）と名づけ、聖域として崇《あが》めた。

テオティワカンは南北にはしる「死者の大通り」（図1）、これと交差する東西の大通り、そして「太陽」「月」「ケツァルコアトル」の三大ピラミッドが都市の基幹をなす。「死者の大通り」は一五度二五分、真北から東へ傾くが、その理由は不明である。すべての建物はこの基本線にしたがって、碁盤目の区画に建設されている。

建築様式は独特で、どの建造物も斜めの壁（タルー）と垂直の壁（タブレーロ）を組みあわせている。壁は漆喰《しっくい》で上塗りをほどこして赤く彩色したり、壁画や石彫で装飾した。現在は石面がむきだしになっているピラミッドも、かつては漆喰で覆われ彩色されていた。また、都市全体に下水道網が完

図1　「月のピラミッド」から見た「月の広場」と「死者の大通り」
（前100〜後650年）

備していた。

テオティワカンが都市として発展し始めたのは紀元前一〇〇年頃である。そして紀元後一五〇年から四五〇年にかけて、先述のピラミッドなどがつくられたほか、農耕技術が発達し、黒曜石利器や土器などが盛んにつくられて、大きく成長した。そして四五〇〜六〇〇年の最盛期には二三平方キロの面積を約二六〇〇の建物が覆い、約二〇万人が居住した。この面積や人口は当時のローマに匹敵する。しかもこの都市には城壁がなく、壁画に戦争の場面は全くない。

私はテオティワカンを三度訪れたが、気に入った場所がある。そこは「月のピラミッド」の頂上で、

図2　「太陽のピラミッド」(紀元前後〜600年)

「死者の大通り」や「太陽のピラミッド」のほか、遺跡の全景を一望することができる（図1）。

「月のピラミッド」は高さ四六メートル（底辺一四〇×一五〇メートル）で、高さ六五メートルの「太陽のピラミッド」（図2）よりも低いが、少し隆起したところにたっているので、頂上の高さはほぼ同じである。「月のピラミッド」から南へ「死者の大通り」が真っすぐに三キロにわたり伸びること、このピラミッドの南に大きい「月の広場」があって（図1）、それを一群の基壇や神殿が取りかこむことから、重要度は「月のピラミッド」の方が他のピラミッドよりも高かったと思われる。

「太陽のピラミッド」（図2）の頂上にはもと木造の神殿がたっていたらしい。また内部に古い基壇が内蔵されていて、二つのトンネルがある。上のトンネルは発掘用、下のトンネルはその数メートル下に偶然発見されたが（一九七一年）、後者は盗掘されたのか、遺品はなかった。ただ、前者から後者の最深部を掘り下げたところ、緑色の石製小仮面が見出された（二〇一〇年）。なお、夏至には、ピラミッド正面に太陽が沈み、黄道（太陽の軌道）が「死者の大通り」と直角に交わる。

ケツァルコアトル神とトラロック神

「月」「太陽」のピラミッドのほかに「ケツァルコアトルのピラミッド」があり、それはシウダデーラ（城塞）と呼ばれる、一辺約四〇〇メートルの方形基壇群のなかにたつ。このピラミッドで注目されるのは、階段の両側に二種の彫刻が交互に取りつけられていることで（図3）、一つは羽毛のはえた蛇神のケツァルコアトル、他はまるい大きな目をもち、牙をむきだした雨神トラロックである。ケツァルコアトルは、美しい羽毛をもつ鳥のケツァルと、水棲の蛇を意味するコアトルの合成語で、

図3　トラロックとケツァルコアトルの彫刻（「ケツァルコアトルのピラミッド」部分／150〜450年）

「羽のはえた蛇」である。この神がトラロック神と交互に並べてあらわされているのを見ると、もとは同じ神の二つの相であったのかも知れない。

　このピラミッドの下から一三七体の遺骸が見出されたが、すべて後ろ手にしばられ、男女に分けて幾つかの穴に埋葬されていたので、生贄だろうと考えられている。

　テオティワカンは壮大な祭祀センターであるが、これまでのメソアメリカの宗教を大きく転換させた。オルメカの神々が変貌して、ジャガー神は雨の神トラロックに、蛇の神はケツァルコアトルに姿を変えた。また男神トラロックに対応して水の女神チャルチウトリクエ（ナワトル語で「硬玉のスカートの貴婦人」の意）がうまれ、農耕における植物の再生と関連するシペ・トテック神が登場する。

とくにケツァルコアトルはその重要性を著しく高め、暁《あかつき》の明星の化身、農耕を司る神、商人の守護神、トウモロコシを発見し貴石細工や織物製作を人間に教えた文化神として、テオティワカンおよびその後のトルテカ、アステカ時代に絶大な役割を演じる。

テオティワカン興隆の要因

テオティワカンの興隆について、現在のメキシコ市南郊にあったクイクイルコという有力な祭祀センターが火山の噴火によって滅んだので、テオティワカンに信仰が移った、という説がある。しかしこのような壮大な都市が興隆するためには、もっと積極的な要因があるはずである。それは先述の宗教の質的転換であり、それにともなう農業や商業の発達であった。

テオティワカンは最盛時には約二〇万人が居住する大都市だったから、当然そこには整備された政治組織とそれを支えるエリート層がいた。「ケツァルパパトル（パパトルは蝶の意）の宮殿」はそのようなエリート層の住む場所であったと考えられている。中庭をかこむ柱に蝶と鳥が巧みに薄浮彫され、テオティワカンで最も完璧に修復されている。この宮殿の西に隣接する「ジャガーの宮殿」の、半地下の中庭のまわりに三つの部屋がある。各部屋の壁にはホラ貝をふく羽毛のあるジャガー、ケツァル、トラロックが、克明かつ鮮やかな色彩で描かれている。

彩色壁画は他の遺構にもある。最も有名な「テパンティトラ」のフレスコ画は、雨神トラロックの楽園が青・赤・黄・褐色などを使い分けてあらわされている。すなわち、中心にトラロックが立ち、その手から水が滴《したた》り、さらに蝶がとび、花咲く木の下で人びとが歌い、踊り、遊ぶ。「テティトラ」という建物群にも盛装したトラロックの壁画がある。これらの建物にも神官あるいは貴族が住んだと考えられている。

交易品としての黒曜石利器と土器

テオティワカンには、黒曜石加工や土器づくりなどの専門の工人が居住した地区や、オアハカやマヤ地方から来た巡礼や商人が滞在したり住む地区があった。

黒曜石はテオティワカンが繁栄する基盤であった。「月の広場」や「大広場(市場)」の近くのほか、各所に黒曜石加工場が見出されており、人口の約一二パーセントがこの仕事に従事したと推定されている。かれらはメキシコ盆地を中心とする北部の黒曜石産地を支配し、その加工と流通を牛耳《ぎゅうじ》った。当時のメソアメリカにおける主な道具は石器であり、黒曜石製の利器は必要不可欠であったから、テオティワカンの影響力は大きかった。そのことはこの地でつくられた石刃、鏃《やじり》や槍の穂先などの黒曜石製品(特に緑色のものが珍重された)がメソアメリカ各地で見出されることでわかる。

土器製作も盛んで、各地に運ばれた。最も特徴的な土器は平底の三足鉢で、器壁は垂直ないし凹面を呈し、その表面が刻文または彩文で装飾された。そのなかにはクロワゾネ(器面に化粧漆喰を薄く塗り、その一部を削りとり、そこに多色の顔料を埋め込む)の手法を用いたものがある。またフロレーロ(花形土器)と呼ばれる、口縁部が著しく外反《そとぞ》りした長頸壺もテオティワカン特有のものである。さらにさまざまな土偶があるが、横に長い眉毛、笑ったような細長い目、少し開いた口を備える柔和な表情が、標準的な顔貌である。これらの土器はマヤの宗教センターから大量に出土するなど、広く分布している。

このほか、テオティワカンの宗教美術品が、グアテマラのティカルの首長の墓に埋葬されていたり、逆にオアハカのサポテカ文化の製品がテオティワカンで見出されたりして、当時かなりの遠距離交易がおこなわれていたようである。このことはスペイン人がメキシコ高原に来たとき、ポチテカという商人集団が存在していたことからも実証される。

なぜ衰亡したのか

テオティワカンは六五〇年頃に火災に見舞われたあと、神殿や住居が破壊されて、急速に衰亡に向かう。この火災は「月のピラミッド」から「シウダデーラ（城塞）」にいたる中心部を焼いている。しかしそれ以後も交易がおこなわれ、都市の活動は続いていた。したがって、この都市の衰亡は、火事や侵略という突発的な出来事によるものではなく、オトミ語を話す北方の狩猟民の侵入説は受け入れ難い。

そこで内的・外的な要因があげられている。気候の乾燥化、森林濫伐《らんばつ》による環境変化、農業生産力の低下、神権政治に対抗する軍事的勢力の台頭など。また周辺都市の成長がテオティワカン滅亡の引金になったという説がある。すなわち、メキシコ湾のベラクルス古典期文化のエル・タヒン、メキシコ市の南東一五〇キロのプエブラ近くのチョルーラやカカシュトラが、これまでの交易路を分断したというもの。さらにメキシコ市の南約一〇〇キロのショチカルコにケツァルコアトルを崇拝する勢力が結集して、テオティワカンを侵したとする意見もある。

　これらのうち、私はチョルーラやカカシュトラを調べた。チョルーラはアステカ時代には人口約一〇万を数えた大都市であり、その中心が一辺三〇〇メートルの基台をもつトラチウアルテペトル大神殿（五〜八世紀）で、テオティワカンの「太陽のピラミッド」をしのぐ偉容を誇った。神殿下に見学用の地下道があり、複雑な通路や通気孔などに巧みな技術を見ることができる。またカカシュトラにはきわめて保存状態のよい極彩色壁画が残っている。

4 タオス(アメリカ)

日干煉瓦《アドベ》の多層アパート式住居群

プエブロ人の本拠へ

一九八〇年七月、インディアナ州のブルーミントンから、カリフォルニア州のロサンゼルスまで、飛行機を乗り継いで、ジグザグにアメリカを横断した。長女がインディアナ大学を卒業して、カリフォルニア大学ロサンゼルス校大学院に進学するので、それを機に、彼女のほか、次女と妻を含めた家族旅行である。

そのときニューメキシコ州のアルバカーキからサンタ・フェを経て、タオスを訪れた。アルバカーキにはスペイン風の旧市街が今も残っており、標高二一〇〇メートルのサンタ・フェは、かつてその名を冠する街道や鉄道によって栄え、近くにプエブロ・インディアンが住む集落がある。その一つがタオスである。

タオスの人口は約二五〇〇人で、三つの集落からなっている。すなわち、スペイン時代のミッションが残るランチョス・オブ・タオス、メキシコ風のドン・フェルナンド・デ・タオス、そして先住民のプエブロ人が住むサン・ジェロニモ・デ・タオスである。現在、プエブロ人は主に観光収入で生計をたてている。

プエブロはスペイン語で集落を意味するが、それが示すように、かれらは独特のアパート式多層集団家屋に住むことで知られる（図1）。各家屋はアドベ（日干煉瓦）を積み重ねた壁に泥を塗ったもの。大きさの異なる、そのような立方体の建物を四層・五層に積み重ねてアパート形式にした。上層の家への出入りには梯子《はしご》を用いる。

当初は防御のために窓はなく、入口は屋根に設けられた。一三五〇年頃の家屋が現在でも残っているのは、人びとが伝統的な方法で、絶えず修復してきたからである。タオスはプエブロ人が現在も住んでいる集落としては最も古い。

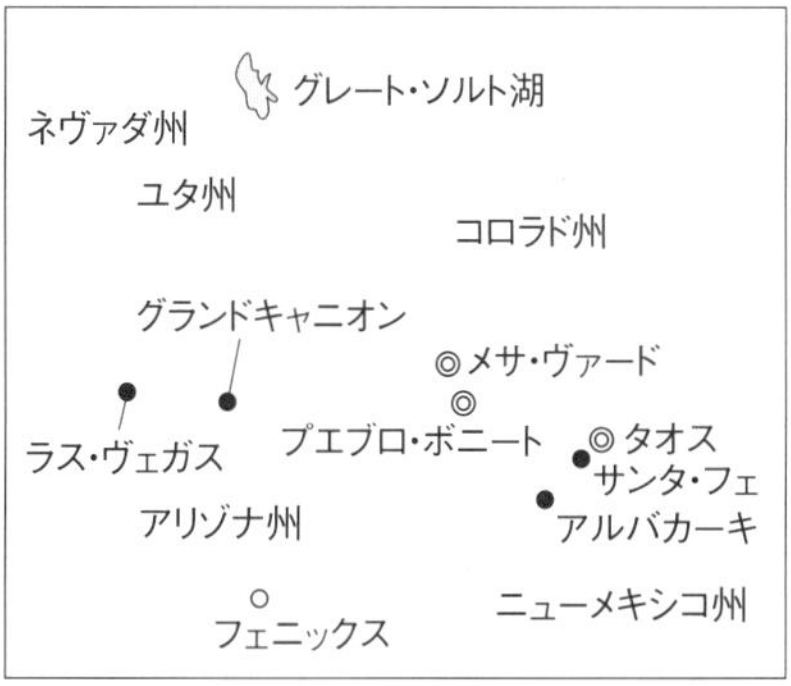

図1　今もプエブロ人が住む集団住宅（タオス）

辻晋堂の陶彫

第二九回ヴェネツィア国際美術ビエンナーレ（一九五八年）に、日本を代表して招待出品した辻晋堂という彫刻家がいる。多くの扁平形を組み合わせた陶彫作品で知られる。その陶彫は、表と裏の扁平な二つの面のあいだに、面に平行する二〜三の壁をつくり、それらに穴をあけ、それぞれの穴に明暗の差をつける。また両面にたいして直角の方向に幾つかの隔壁をつくる。これらの作品を見て、滝口修造さんは家のイメージを抱いた。アメリカの彫刻家イサム・ノグチさんも同じことをいい、プエブロの家屋との類似を指摘した。

一九六六年、ジャパン・ソサイエティの招きで渡米した辻さんは、ノグチさんのすすめでタオスを訪れ、プエブロのアドベづくりの家屋を見て、自分の彫刻にあまりにもよく似ているのに驚いた。その形も色も、ところどころの開口部もそっくりだったからである。

その後、彼はプエブロの家屋のイメージにもとづいて『タオスにて』（一九六九年）をつくった。順次に重なる三つの面に小さな突起をつけたり穴をあけたりした陶彫で、色もアドベの建物のように赤土色の出る低火度で焼かれている。前進、後退する面の構成とその変化がユニークであるが、彼自身は、何も知らずにつくったものが偶然に似ていたのとはちがい、見てきたものを頭のなかで再構成したものは、どうも具合が悪いと述懐している。

プエブロ・ボニート

タオスに似た集落跡群が、サンタ・フェの西方約一七〇キロのチャコ渓谷にある。集落は、壁にか

図2　プエブロ・ボニート
(チャコ渓谷／900〜1150年)

こまれた一二の大規模なものと、四〇〇以上の小規模なものからなる。灌漑用水路や地下食糧貯蔵庫跡なども見出されている。そのなかで最大の集落はプエブロ・ボニートである(図2)。

東西一六〇メートル、南北一〇〇メートルの半円形に、中央の広場をかこんで、その外側に約八〇〇の家屋が並ぶ。広場に面した家屋は一階建で、後ろにむかって階段状に高くなり、最高は五階である。裏側に面する家屋には入口も窓もなく、屋根の開口部から出入した。また三六のキヴァがあり、その直径は四〜二二メートルである。キヴァはホピ語に由来し、男性の特別の集会所(雨乞儀礼、入社式、特別な年中行事などをおこなう)として用いられた円形地下建造物をいう。プエブロ・ボニートは九〇〇年頃からつくり始められ、一一〇〇年頃まで少しずつ拡張されながら、つくり直されたようである。

プエブロ・ボニートの規模は大きいが、居住人口は約二〇〇〇人と考えられている。したがってこの集落は宗教儀礼をおこなう場であり、建物群は人びとの宿泊施設であったと思われる。地下集会所のキヴァが多い所以である。

メサ・ヴァードのクリフ・パレス

プエブロ・ボニートの北方約一五〇キロ、コロラド州南西隅にメサ・ヴァード（メーサ・ベルデ）国立公園がある。スペインの開拓者がメーサ（台地）ベルデ（緑）と名づけたように、ここは緑の松林に覆われた砂岩地帯である。

図3はメサ・ヴァードのクリフ・パレス（断崖宮殿）で、断崖の岩棚や岩陰を利用した、長さ約一〇〇メートルの巨大なアドベ製の多層アパート群である。約二〇〇の部屋をもつ四階建で、二三のキヴァを有し、砲塔を思わせる石塔があり、まるで要塞のようである。

この種の断崖集落は、大小のちがいこそあれ、メサ・ヴァード国立公園に一八〇か所も遺存する。当初の集落は平地や崖上の窪みにつくられていたが、十二世紀中頃から断崖の岩棚や岩陰が住居として利用されるようになった。なぜ往来や足場の悪い場所が選ばれたのかはよくわからないが、外敵からの避難説が有力である。しかしこの断崖住居での生活はわずか一〇〇年しか続かず、人びとはこの地を放棄して、南方に移住していった。その理由も不明である。

図3　クリフ・パレス
（メサ・ヴァード国立公園／1150年頃）

プエブロ文化の変遷

プエブロは単一の民族ではない。ホピ、ズニ、アコマ、ラグナ、ティワ、テワなどの約二〇部族からなり、言語的にも六つに分類される。ティワとテワのみが双系出自制で、他は母系出自制であり、現在の人口は約三万二〇〇〇人（都市に住む人も多くいる）。その文化は北米南西部で発展したアナサジ文化にさかのぼり、通例バスケット・メーカー文化とプエブロ文化に分けられる。それらは層位的発掘と年輪年代決定法にもとづいて幾つかの時期に編年されている。

バスケット・メーカー文化にはⅠ～Ⅲ期があるが、Ⅰ期は資料が乏しくて明確でなく、通例Ⅱ期

（紀元前一〇〇〜紀元後四〇〇年）とⅢ期（〜七〇〇年）に区分される。生業の基礎は狩猟、採集、農耕（カボチャとトウモロコシ）である。最も特徴的な文化要素はバスケット類で、それには椀、盆、物入れ、尖底の運搬用籠《かご》などがあり、ピッチを塗った液体用容器も含まれる。Ⅲ期文化は基本的にはⅡ期と同じだが、その分布地域が拡大し、数種のトウモロコシや豆類の栽培が加わって、定着的な村落が成立した。竪穴式住居は円形で、床に炉、仕切壁、風除け、シパプ（地下世界への象徴的な入口）がある。

プエブロ文化はⅠ〜Ⅳ期に分けられる。Ⅰ期（七〇〇〜九〇〇年）とⅡ期（〜一一〇〇年）は先行するバスケット・メーカーⅢ期からの過渡的性格を有し、シャビケシュチェ遺跡などに代表される。Ⅲ期（〜一三〇〇年）はこの文化の最盛期で、先述のメサ・ヴァード、プエブロ・ボニートなどにアパート式多層集団家屋からなる集落がつくられた。Ⅳ期（〜一七〇〇年）は少数の大規模な集落への人口集中の傾向がつよく、現在まで続いている。タオスの集落がこの期の代表である。

プエブロ人がトウモロコシ、カボチャ、豆類を栽培する土地は半砂漠の土地である。したがって人びとは降雨を祈願する儀式をさかんにおこない、カチナ人形、仮面、指揮棒をつくった。

ホピ族やズニ族に特色的なカチナは神話に登場する祖先神の一種で、冬から夏にかけて集落に戻り、一連の儀礼で特別の衣裳と仮面をつけて踊り、子どもたちに小さなカチナ人形を渡す。そして夏の終わりに聖なる山に帰っていく。儀礼の目的は恵みの雨をもたらすことと、自然との調和を保つことである。カチナ人形は儀礼に登場する多種多様なカチナを子どもたちに教えるためのものである。近年、白人の土産物としての需要が高まり、もとの単純素朴な形式が写実的な形に変わった。

また、プエブロ人は美しい彩色土器をつくるが、その歴史は古く、しかも多様である。様式的には写実的な鳥や幾何学的文様で装飾されたものが多い。たとえばホピ族の土器には様式化された人物や植物が描かれ、ズニ族の土器には、口から心臓にいたる矢をエックス線描法（外からは見えない身体内部をあらわす方法）で描いた写実的な動物があらわされる。そのほか、儀式用の衣裳、砂絵、織物などがつくられる。

5　ヴァンクーヴァー(カナダ)——北西海岸先住民美術の過去と現在

トーテムポールとポトラッチ

カナダのブリティッシュ・コロンビア州の南西端にヴァンクーヴァーという大都市がある。二〇一〇年の冬季オリンピックの開催地である。そのウォーターフロントから歩いてわずか二〇分のスタンレー公園に、巨大かつ多彩なトーテム・ポールが林立する広場がある（図1）。少し北上すると、観光名所のカピラノ吊り橋があるが、その手前にもトーテム・ポールが並んでいる。そのほか、美術館や博物館の展示室はもとより、それらの入口とか主要道路など、街の至るところにトーテム・ポールが立っている。

トーテム・ポールとは、北アメリカ北西海岸に住むインディアンによってつくられてきた特異な大きい木柱である。それらはそれぞれの氏族と神話的に結びついたトーテム（動植物や天然現象など）をあらわす。各氏族は特定のトーテムにさかのぼると信じられ、きびしいタブー（禁忌）がともなう。そのトーテム種の増殖を願ってトーテム・ポールがつくられるのである。

家屋の柱や梁として用いられる「家柱」、家屋の入口にある「入口柱」、肉親の死を悼む「墓柱」、客人の来訪を迎える「歓迎柱」、偉大な人の功績を称える「記念柱」などの種類がある。多くの巨大なトーテム・ポールがつくられるようになったのは十九世紀後半である。それはヨーロッパ人との毛皮などの交易によって裕福になった先住民が、自己の地位や財力を誇示しようとしたからであるが、それにはポトラッチが関連する。

ポトラッチはヌートカ族の「与える」に由来し、北西海岸先住諸民族が誕生、成人、結婚、地位の継承、死、家の新築など、さまざまな儀礼を利用して催す、大規模な饗宴のことである。そのあり方は部族によって少し異なるが、主催者が客を招いてもてなし贈物をすること、主催者の氏族に伝わる紋章や特権（歌、踊り、名前、仮面、彫刻など）を呈示すること、そして招待された客も返礼として饗宴を開き、受けた贈物以上のものを返すことが共通している。そのさい、多くのトーテム・ポールが競ってつくられた。なお、ポトラッチは秋のサケ漁で越冬用の食料を確保することができた冬にお

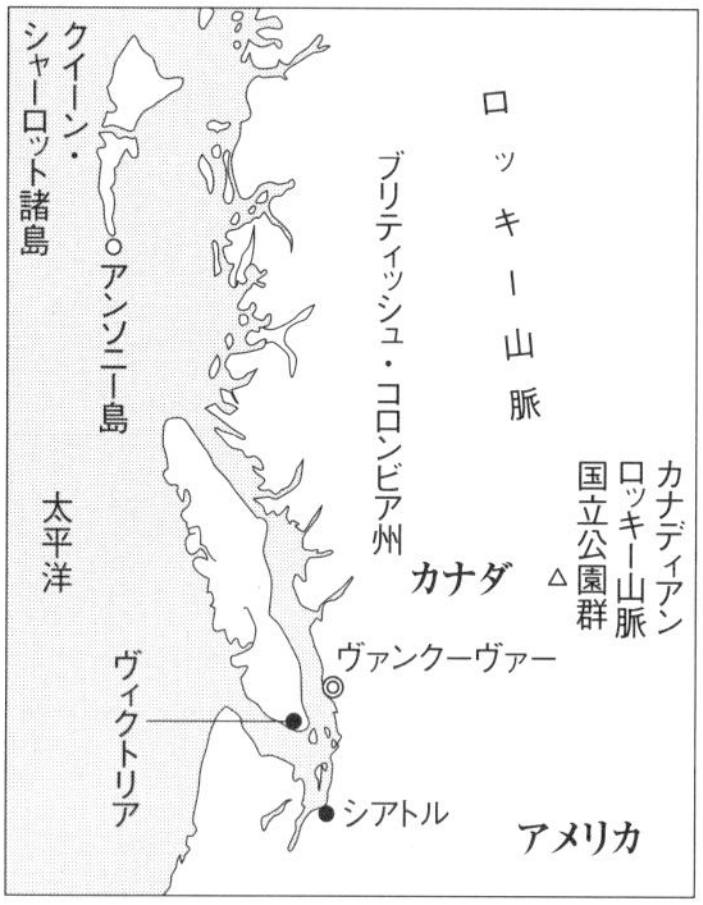

図1　トーテム・ポール広場
（ヴァンクーヴァーのスタンレー公園）

こなわれる。

アンソニー島の悲劇

ヨーロッパ人との交易は先住民に大きな富をもたらし、鉄器の受入れによって大型彫刻の制作が容易になった。かれらの集落にはトーテム・ポールが林立し、独特の図様が全面に施された家屋や什器があふれていた。その一方、天然痘やインフルエンザなどの伝染病がもたらされ、人口は急激に減っていった。

ブリティシュ・コロンビア州中部の沖合にクイーン・シャーロット諸島がうかぶ。その最南端にアンソニー島がある。この島にハイダ人が住み始めたのは二〇〇〇年以上も前で、十八世紀末には三〇〇人ほどが漁業や狩猟採集によって生活していた。ところが入植した白人が天然痘を持ち込み、先住民の人口は一〇年ほどで激減してわずか二五人になり、やがて十九世紀末に絶滅した。

この島に半ば朽ちかけた巨大なトーテム・ポールが三二本残っていて、高さ一〇メートル以上のものもある。先端部に窪みがつくられているのは墓柱で、その窪みに遺骨が納められた。これらのトーテム・ポールの多くは、カナダ政府が先住民同化政策の一環として、莫大な富を短期間に消費するポトラッチを禁止した一八八四年以前のものである。これらは一九八一年に世界文化遺産に登録された。

複雑に錯綜した動物図様

北アメリカ北西海岸は高緯度に位置するにもかかわらず、暖流の黒潮に洗われて温暖で降雨量も多く、シーダー（ヒノキ科）などの森林資源、シカやクマなどの野生動物、サケやマスなどの水産資源に恵まれている。したがって人びとは漁撈と狩猟採集によって豊かな生活をいとなんだ。

紀元前五〇〇〇～前一〇〇〇年に、個性的な地域文化の伝統が形成され、石彫や木工などにすぐれた技術と感覚を示した。その伝統は歴史時代に受け継がれ、ヨーロッパ人によって鉄器がもたらされた後の十八～十九世紀に最盛期をむかえた。

トリンギット、ハイダ、ツィムシ、ベラ・コーラ、クワキウトル、セイリッシュ、ヌートカなどの諸族が、家屋、家具、食器、衣服、狩猟具などのほか、先述のポトラッチに用いられる、トーテム・

図２　儀式用衣装（チルカット人／近代）

ポール、人物像や動物像、巨大な皿、仮面、衣裳、太鼓、木箱などの儀礼用品をつくった。これらの物品には、クマ、ビーバー、ワシ、ワタリガラス、タカ、クジラ、サメなどの動物が、丸彫・浮彫・織物・刺繍などであらわされる。しかもこれらの動物図様は無限に繰り返され、きわめて様式化されているところに特色がある。

図2はいわゆるチルカット・ブランケットで、トリンギット人の一支族であるチルカット人の儀式用前掛けである。黒、黄、青緑色に染められた、野生山羊の毛と杉の樹皮繊維によって織られている。その図様を分解すると、さまざまな動物の部分、とくに目と口が多いが、個々の動物を識別することは困難である。これらの図様が左右対称的に配置され、そして諸動物の頭の輪郭や目・鼻・口・耳・手・足・尾などが長方形化の傾向を示し、一見幾何学文様のような印象を与える。このように複雑で錯綜した文様は、中国の商や東周の青銅器の文様を連想させ、その影響を説く学者もいるが、それは当たらない。このような図様は、毛布だけでなく、ポトラッチのさいの各種用品にも施される。なお、この種の毛皮はチルカット・ブランケットと呼ばれるが、チルカット人だけでなく、北西海岸先住民のあいだで広くつくられている。

伝統を受け継ぐ版画

エミリー・カーという女性画家・作家がいる（一八七一〜一九四五年）。彼女はブリティシュ・コロンビアの森林やトーテム・ポールなどの芸術に魅せられ、先住民の世界を絵筆で描きペンで書いた。ヴァンクーヴァー美術館の三階に「エミリー・カー・ギャラリー」がある。彼女を先達として、一九五〇年頃から現地の大学や博物館がトーテム・ポールなどの修復を先住民に依頼したり、ハイダ人のビル・リード（一九二〇〜九八）が伝統的な作品を復元したりして、北西海岸先住民文化の復興が始まった。

そして一九六〇年代の文化復興期にシルクスクリーンが導入された。初めは小型カードにプリントするだけであったが、好評だったので、一九七〇年頃からサイズの大きいシルクスクリーン作品が競って制作されるようになった。作者が原画を描き、工房がプリントするという分業である。エディション（制作枚数）は両者が協議してきめ、刷りの良否をチェックして販売する。

版画の図様は抽象的ないし象徴的である。それらはかつてトーテム信仰にまつわる神話的世界を表現した仮面、板絵、トーテム・ポールなどの様式を継承する。すなわち、作者が所属する氏族を示す紋章（ふつう特定の動物）、祖先の歴史に関係する動植物や想像動物などについて、その特徴を強調

図3　ケン・モワット『太陽を盗むワタリガラス』（1978年／シルクスクリーン版画）

したり、身体部位を分割して反復し、中心軸の左右に相称的に配置する。その曲線的様式化は実に繊細かつ巧妙であり、さらにトーテム信仰にもとづく神話的内容が盛られる。例えば箱に閉じ込められた太陽をワタリガラスが解き放ち、この世に光をもたらすといったように。かくして、ワシやハチドリなどの鳥類、アザラシやトドなどの海獣、クマやシカなどの陸獣、サケやオヒョウなどの魚類が、人びとと複雑に関係する夢幻的光景が展開される。このような版画は世界のエスニック・アートには類例がない。

図3はツィムシ人に属するケン・モワット『太陽を盗むワタリガラス』（一九七八年）である。ワタリガラスは日本のカラスよりも大きく、全長六〇センチ以上で、オオガラスとも呼ばれる。ユーラシア大陸北部と北米大陸北部に分布するが、これらの地域にこの鳥にまつわる神話ないし昔話が多く伝えられている。隠された太陽を救い出す話は世界中にあるが、北西海岸では、若干のヴァリエーションはあるものの、おおむね次のような話が伝わっている。

「昔、太陽や月が箱に閉じ込められていたため、世界は暗闇だった。ワタリガラスは小さな葉に変身して、飲み水の上に浮かんだ。光を閉じ込めた首長の娘がその水を飲むと、娘の体内に入ったワタリガラスは、赤ん坊として生まれた。孫であるワタリガラスが太陽の入った箱がほしいと泣きわめくため、首長はその箱を与えた。すると、ワタリガラスは箱を開けて太陽を解き放った」（斎藤玲子）

なお、先述のビル・リードは「カナダ・アートの人間国宝」と呼ばれ、ヴァンクーヴァー市内に彼を記念するビル・リード・ギャラリーがあり、またUBC（ブリティッシュ・コロンビア大学）人類博物館の円形ホールには彼の代表作『The Raven and the First Men』が展示されている。

ホモ・フムス的人間観

ギリシア神話に半獣半人のヘラクレスがあらわれる。彼はいわゆる十二の功業において、魔力を備えた動物を退治した。すなわち、犬の身体と多くの蛇の頭をもつレルネの水蛇、金の角《つの》と真鍮の蹄《ひづめ》をもつケリュネイアの鹿、すべてをとかしてしまう焔をもつクレタの牡牛などである。このようにギリシア神話では、動物は途方もない怪物に変形されて、人間を憎む悪魔となっている。かつての人間と動物との親しい共存の意識はなく、動物は一方的に退治されるべきものとされた。

このような考えは時代の経過とともにさらに強まる。そしていまや私たちは人間と自然とを結びつけていた胎盤から自己を切り離して独立し、すべての生物のなかの王者になった。しかし北西海岸先住民のあいだでは、その造形芸術に端的にあらわれているように、動物や植物や季節の変化は人間の社会生活に入り込んで、その重要な部分になっている。

太古以来、人間の身体はその生物的生命の法則に依存するものとして不変であり、大地および生育するすべての植物や動物との接触を必要としていた。人と自然との関係は、人が大地から生まれ、そしてそこに帰る存在であることに帰着する。すなわち、生は大地の胎内を離れることであり、死は大地の家に帰ることである。多くの人たちが、自分の生まれた土地に埋められたいと感じるのは、この大地への愛の端的なあらわれである。このようなホモ・フムス（大地的人間）的人間観が、カナダ先住民のあいだでいまも生き続けている。このことはテクノロジー万能のホモ・ファベル（工作的人間）的人間観との対比において、重要な問題をはらんでいる。

6　ニューオーリンズ（アメリカ）
フランス風のジャズ発祥地

聖王に捧げられた大聖堂

二〇〇八年六月、大型客船「飛鳥Ⅱ」はミシシッピ川を遡上して、ニューオーリンズに向かっていた。オジブウェー語（ネイティブ・アメリカンのオジブワ人の言語）で「大きな川」を意味するように、ミシシッピは長大で、水量も多い。河口近くにはマングローブが茂り、あとは低い堤の両側に水面よりも低い田園が一四〇キロほど続く。グレトナを経てクレッセントシティ・コネクション橋の手前から急に都市となり、左方の高層ビル群の新市街と右方の低層の旧市街との対照が美しい。また川には外輪式蒸気船が浮かぶ（図1）。かつて人や物質の輸送に活躍した外輪船は、現在は観光船として用いられている。

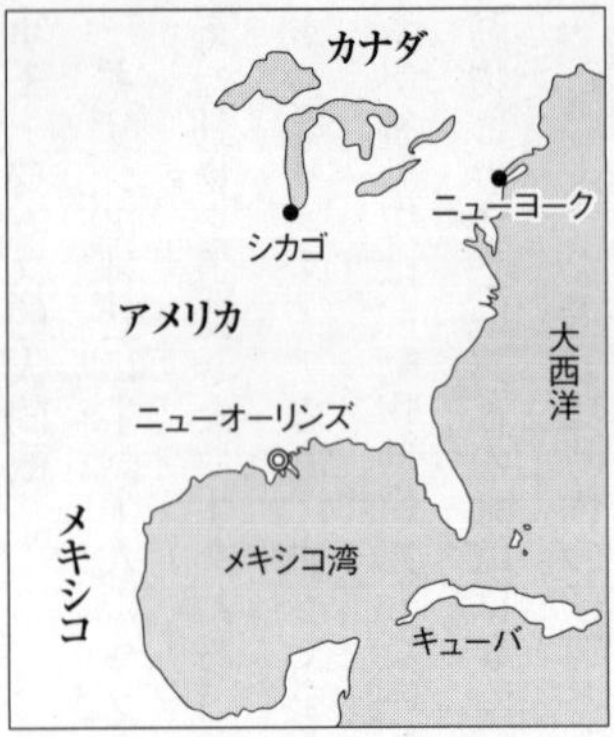

旧市街でひときわ高くそびえるのが、セント・ルイス大聖堂である。一七二二年のハリケーン、一七八八年の火災のあと、一七九四年に再建された。身廊と内陣を区切る半円形の壁に、左右に多くの聖職者や兵士などを従え、中央の低い壇の上に剣を持って立つ世俗人が描かれている（図2）。キリスト教聖堂

の壁画になぜ俗人が大きくあらわされているのかと思い、壁画下方に書かれた文字を見たが、暗くて肉眼では読めない。そこで双眼鏡で見ると、フランス語で「フランス王の聖ルイ、第七次十字軍を告知する」とある。すなわち、中央に描かれた人物は、カペー朝第九代のフランス王ルイ九世である。彼は敬虔な信仰に生き、ローマ教会によって聖人の位に列せられて「聖王（サン・ルイ）」と呼ばれた。この大聖堂がセント・ルイスと命名されたゆえんである。

このことが示すように、ニューオーリンズはフランスとの関係が深い。それはこの町を建設したのがフランス人であるからである。一七一八年、フランスの探検家ル・モワーヌが最初の植民地をつ

図1　外輪式蒸気船

図2　セント・ルイス大聖堂の壁画(1794年)

くったが、彼のパトロンであったオルレアン公の名をとって、フランス語でヌーベル・オルレアン（新しいオルレアン）と命名した。したがってかれらがつくったときの市街は「フレンチ・クオーター」（フランス語の別名は〈旧区域〉）と呼ばれ、最も主要な道が、当時フランスを支配していたブルボン家にちなんで命名された（「バーボン通り」はその英語読み）。

フレンチ・クオーターには現在でもフランス風の優美なレース模様の鉄製バルコニーを張り出した家が立ち並び、家々のあいだには、ラフカディオ・ハーン（小泉八雲）が「小さなパラダイス」と呼んだ、スペイン風のパティオ（中庭）がある。スペインの影響がある理由は、一時期（十八世紀後半）、この地方がスペイン領になったからである。

クレオールとケイジャン

ニューオーリンズが属するルイジアナ州（フランス王ルイ十四世にちなんで一六八一年に命名）に植民したフランス人やスペイン人、およびその血を純粋に受けつぐ人たちを「クレオール」という。そしてのちにフレンチ・インディアン戦争（一七五五年）で、フランス領カナダを追われてきた人たちを「ケイジャン」と呼ぶ。かれらは自らをアカディアン（アカディア地方から来た人）と称したが、その英語読みのアケイディアンがなまって、ケイジャンになった。

両者は対立しているが、それは料理にもあらわれている。まずクレオール料理は都会的、ケイジャン料理は庶民的と大別される。クレオール料理はフレンチ・クレオールとも呼ばれ、フランス風にソースを主とするが、スペイン風の料理もある。たとえばジャンバラヤは米に鶏肉、魚介類、ソーセージ、野菜などを入れた炊き込みご飯で、スペインのパエリア風であるが、名称はハンク・ウィリアムズのカントリー・ミュージックの曲名を借りている。

ケイジャン料理はスパイシーで辛い味が特徴だが、豊富な魚介類を豪快に揚げたりする。「ポーボーイ」という珍しい名の料理があり、むかし黒人奴隷が食べていたプアボーイ・サンドイッチがなまって、こうなった。フランスパンのなかに好みの具と野菜をはさみ、タバスコをかけて食べる。

南部特産のナマズとザリガニは、フライ、スープ、サンドイッチ、ジャンバラヤなど、さまざまな形で用いられ、どのレストランのメニュにも必ず登場する。

一八〇三年、ジェファソン大統領のルイジアナ購入によって、ニューオーリンズはアメリ合衆国となったが、市民の多くはこれを悲しんだ。そして土着のクレオールたちは新参のケイジャンをフレンチ・クオーターから締め出した。そこでケイジャンは旧市街の南側に「ガーデン・ディストリクト」と呼ばれる居住区をつくった。狭いフレンチ・クオーターとちがい、ここは広々としていて、緑の庭にかこまれた瀟洒《しようしや》な家が立ち並んでいる。

一方、フレンチ・クオーターの北側（シティ・パーク地区）には、十九世紀初期からアイルランド系やドイツ系の移民が住み始め、のちに黒人も住むようになった。テネシー・ウィリアムズの『欲望という名の電車』（一九四七年）の舞台はこの地区である。ニューオーリンズは、これら三つの地区とその住民が激しく対立し競争しながら発展してきたのである。

ユニークな墓地

ニューオーリンズはミシシッピ川とポンチャレイン湖のあいだに位置し、市街地は標高五メートル以下の低湿地である。したがって地下水位が高く、かつて雨期には埋葬した死体が浮き上がった。一八三三年六月一一日付の『クーリエ』という新聞にこんな記事がある。

「私はコレラで死んだ黒人の埋葬を目撃した。墓は二フィート半の深さで、水はその墓の上限まで来ている。好奇心から私は墓の中に棒を差し入れたが、底はやわらかい泥であった。棺が墓に入れられたが、すぐに地面の水準まで浮き上がってきた。まわりの墓はすべて地上に石でつくられていて、

図3　ラファイエット第1墓地

資力のある人は決して地下に埋葬しない」

ニューオーリンズには一五か所の墓地があるが、私はそのうちの四つ、すなわちガーデン・ディストリクトのラファイエット第一墓地（図3）と、シティ・パーク地区の三つの墓地を見学した。墓地に入って驚くのは、死者を葬るための堅固な家がずらりと立ち並んでいることで、なかには神殿のような豪華なものがある。ほとんど石造で、煉瓦やコンクリートが用いられている墓も少しある。高い棺形ないし聖堂形の墓が立ち並び、ときにはキリスト像やマリア像、稀にペットの犬の彫刻などを配した景観は美しく、墓地めぐりのツアーがある。

美術館とブードゥー博物館

ニューオーリンズには路面電車がある。北へ向かうキャナル線と西へ向かうセントチャールズ線である。そのキャナル線で終点のシティ・パークにあるニューオーリンズ美術館へ行った。ジャマイカうまれの写真家イサーク・デルガドによって一九一一年に設立され、世界全域の四万点の絵画、彫刻、工芸を収蔵している。フランス人画家のエドガー・ドガはニューオーリンズの親戚を訪ねて一八七一年に来たが、そのとき描いた『エステル・マソン・ドガの肖像』がある。アフリカ美術、とくにナイジェリアのノク彫刻（紀元前五〇〇～後二〇〇年）が数点あるのが注目される。また日本の現代陶磁が多くあり、それには森野泰明や深見陶治などのオブジェも含まれる。

フレンチ・クオーターのバーボン通りの近くにブードゥー博物館がある。ブードゥーはアフリカのアニミズムにキリスト教が混じった、ハイチの民間信仰である。この宗教はハイチにおける一七一九年の奴隷反乱のさいに黒人たちを鼓舞して決起させ、六年後に世界で初めて黒人共和国を成立させた。ニューオーリンズでもかつてブードゥー教が庶民のあいだに広まっていて、博物館には儀礼のさいの道具や写真などが展示されている。

ニューオーリンズはこのようなブードゥー教や公認売春区域やいわゆる「混血女の舞踏会」（農園主や商人などに囲い女を選ばせる場）などのある「悪徳の市」であった。しかしこの猥雑さがある意味で初期のジャズを育てたのである。

ジャズの発祥地

ニューオーリンズといえば音楽である。バーボン通りには多くの音楽があふれていて、昔ながらのブルースやジャズから、最近のヒップホップやR&Bまで、昼間でもあちこちから音楽のリズムが聞こえてくる。ライブハウスは程よい広さで、演奏者と一体感があり、なかでもプリザヴェーション・ホールはこの地でうまれたディキシーランド・ジャズを昔のまま聞かせてくれる。

ディキシーはアメリカ南部諸州を意味するが、もとはニューオーリンズの別名であった。その由来は、この地をフランスが支配していた頃の紙幣の dix（フランス語の十）が英語風になまったもの。ちなみに昔からルイジアナ州で飲まれているビールもディキシーという。

ジャズは二十世紀初め、この町の黒人ブラスバンドからうまれた。一九二〇年代を通じて、シカゴやカンザス・シティ、そしてニューヨークなどの北部諸都市に伝播し、三〇年代後半にはスウィング・ミュージックと呼ばれて世界に広まった。その普及に最も影響力があったのがルイ・アームストロングであり、彼はジャズにソロプレイをもちこんだ。「サッチモ」（がまぐちのサッチェルマウスの略）の愛称さながらに口が大きく、ユーモラスな顔と相まって、親しみを抱かせた大エンターテイナーであった。

あとがき

かつて私は大学入試で「世界史」の出題委員をしたとき、ブラック・アフリカについて出題しようと思い、数種の高校教科書を調べたことがある。しかし、古代におけるフェニキア船団のアフリカ一周、大航海時代におけるヨーロッパ人のいわゆる「アフリカ発見」、そして十九世紀の西欧諸国によるアフリカ分割支配が少しずつ書かれているだけで、問題の出しようがなかった。

このようにわが国の学問は和・漢・洋に一方的にかたよっている。和は日本、漢は中国、洋は西洋である。したがってこれらに入らない領域はほとんど無視されている。一般歴史だけでなく、美術史でも事情は同じである。わが国の美術史家のほとんどは日本美術や西洋美術の研究者であり、東南アジアやイスラーム圏の美術を研究する人はきわめて少なく、アフリカやオセアニアの美術を対象とする研究者はほとんどいない。

そこで、私はこれまであまり研究されていないアフリカ、アジア、オセアニア、中・南米、北・東ヨーロッパの美術を、できるだけ多く調査研究するように努めてきた。また、民族芸術学を提唱し、一九八四年に民族芸術学会をつくった。これは民族学と芸術学の総合で、研究方法としては、民族学的参与観察による個別化に向かうイーミックな方法と、芸術学的普遍化に向かうエティック的方法との結合である。

このような考えにもとづいて私は、一九五六年にフランスとスペインの先史洞窟美術遺跡をオートバイで調査して以来、北極・南極・シベリアを除く、世界のほぼ全域でフィールド・ワークをおこなってきた。本書はそのルポルタージュで、三十五の地点や地域がとりあげられている。

執筆に際して心掛けたのは、現地を踏査した私の観察を中心に、歴史という時間的縦軸と、地域という空間的横軸とを交差させて叙述することである。その際、考察が単調になるのを避けるため、あるときは芸術性が、あるときは宗教性が、またあるときは旅そのものがメインになるように、切り口を変えた。そして各編はヨーロッパ・アジア・アフリカ・オセアニア・アメリカの五つに分かれて、先史時代から現代まで時代順に構成されている。なお、本書中の十編は、約半分の分量で「世界を巡る美術探検」というタイトルで『聖教新聞』に連載された。そして前著『美術史家　地球を行く』（ランダムハウス講談社、二〇〇八年）の続編でもある。

最後に、最大の配慮をもって本書を編集して下さった思文閣出版の林秀樹編集長と『聖教新聞』連載時にお世話になった野上英明・北口隆嘉の両氏に深く感謝する。

二〇一二年三月

木村重信

索　引

ア　行

アウセヴィク　Ausevik　12,15～17
アエノナ(ニン)　Aenona(Nin)　45,47,50
アエハウタイ　Aehautai　219～221
アクスム　Axum　149～157
アステカ　Azteca　248,259,264
アディ・ガレモ　Addi Galemo　152
アドラール・デ・ジフォラス
　Adrar des Iforas　133～140
アーネム・ランド　Arnhem Land
　233～239
アプサラス　apsaras　72～74
K・アブソロン　Karel Absolon　4
L・アフリカヌス　Leo Africanus　166
アフロディテ(ヴィーナス)
　Aphrodite(Venus)
　37～43,47～48,143
アボリジニ　Aborigines　13,233～239
アラフラフ　Arahurahu　202,204,205
アレクサンドリア　Alexandria
　36,141,142,146,148,150,154
アンコール　Angkor　115～121
アンコール・トム　Angkor Thom
　117,120,121
アンコール・ワット　Angkor Vat
　115～120
アンソニー(島)　Anthony　277,278
M・アントニウス　Marcus Antonius　147
イクープ　ikghuphu　185
イシュタル(神・神殿・門)　Ishtar
　73,84～86,89～91
イースター(島)　Easter
　206,208,209,224,231
M・イダルゴ　Miguel Hidalgo　244
イフェ　Ife　158,159,161
イルカラ　Yirrkala　233,236～238
インダス　Indus　71～77
イン・タデイニ　In Tadeini　137
イン・フリット　In Frit　135
ヴァヌアツ　Vanuatu　210～217
ヴァンクーヴァー　Vancouver　276～283
ヴィシュヌ　Viṣṇu　117
ヴィンゲン　Vingen　11～18
ウタ　Uta　31
ウッドヘンジ　Woodhenge　22,23
エス・スク　Es Souk　137,138
X線描法　13
エッサロワ　Essarois　56
エル・トゥーレ　El Tule　249
エレファンタ　Elephanta　101～103
オアハカ　Oaxaca　243～250,265
オークランド　Auckland　227
オバ　oba　161～163
オルメカ　Olmeca　247
オルレアン　Orléans　54,55,286

カ　行

カイラワーン　Qayrawān　167,172
G・J・カエサル　Gaius Julius Caesar

144,145
カカシュトラ　Cacaxtla　243,266,267
郭熙(かくき)　106,111,112
カチナ(人形)　Kachina　274
S・カーマ　Seretse Khama　192
カラウィーン　Karawiyn　167,172.173
カラサン　Kalasan　98
カラハリ　Karahari　190
ガラマンテス　Garamantes　137
カリアリ　Cagliari　27,30
ガルダイア　Ghardaia　175～182
カルバラ　Karbala　84,85
魚鳧(ぎょふ)　81,83
徽宗(きそう)　110,114,123
キダル　Kidal　135,137,140
キュレネ　Kyrene　36,41,42,142,147
ギヨルギス　Georgios　156,157
ギルガメシュ　Gilgamesh　89
クシュ　Kush　154,155
J・クック　James Cook
205,212,231,234
クニドス　Knidos　42
クメール　Khmer　117
クレオパトラ七世　Cleopatra Ⅶ　142,144
クレオール　Creole　286
クワキウトル　Kwakiutl　279
ケイジャン　Cajan　286
ケツァルコアトル　Quetzalcóatl
260,262～264,266
ケルト　Celts　55～57,59
P・ゴーガン　Paul Gauguin　206～208
故宮博物院(台北)　106～114
故宮博物院(北京)　107
江南　122～129

サ　行

ザウィア・ムーレイ・イドリス
Zaouia Moulay Idriss　167,173
ザダル　Zadar　45,50
サポテカ　Zapoteca　248,266
サリ　Sari　98
サルデーニャ　Sardegna　29～34
サロナ(ソリン)　Salona (Solin)　44～46
三星堆　78～83
蚕叢(さんそう)　79,82
サンタ・フェ　Santa Fe　268,280
サントゥ・アンティーネ　Santu Antine
28
サント・ドミンゴ　Santo Domingo
243,244
サンビ・サリ　Sanbi Sari　98
サン・ブノワ・シュール・ロワール
Saint-Benoit-sur-Loire　54～59
シヴァ　Śiva　101,102,104
シヴァージー　Shivājī　99
ジェルミニー・デ・プレ
Germiny-des-Prés　59
ジャズ　jazz　290
ジャヤヴァルマン七世　Jayavarman Ⅶ
121
シュピールマン・クラール
Speelman's Kraal　183～189
ジョグジャカルタ　Jogjakarta　92～98
汝窯　106,108～110
シルバーバウアー　G. B, S. Silberbauer
183
スコゲルヴェイエン　Skogerveien　12,17
スターヴキルケ　stavkirke　66
ステインヴィク　Steinvik　12,17

タ　行

ナ　行

ノルドフィヨルド　Nordfjord　11
ノルドビヴシエン　Nordbyvcien　12,18

ハ　行

ハイダ　Haida　278,279
バウボ　Baubo　49
パオン　Pawon　98
バサースト(島)　Bathurst　233,234〜236
柏灌(はっかん)　81,83
バティック　batik　92〜94
ハトホル　Hathor　143,144
バビロン　Babylon　84〜91
パペエテ　Papeete　202,203,207,218
バベルの塔　Tower of Babel　86〜88
パラカス　Paracas　251,252,255〜257
ハラッパー　Harappā　72,75
パールサ(ファーレス)　Parsā (Fars)　101
バルーミニ　Barumini　27,28
パルテノン　Parthenon　39
イブン・ハルドゥーン　Ibn Khaldūn　176
パールシー　Pārsī　101
范寛(はんかん)　106,111
万国博覧会　149〜151
ハンザ(同盟)　Hanse　61〜63
ファカレワレワ　Whakarewarewa　227,228
ファレ・オプ　Fare-opu　219,221
B・フアレス　Benito Juarez　244
ファントフト　Fantoft　67
フェス　Fez　166〜174,176
プエブラ　Puebla　243,260,266
プエブロ　Pueblo　268〜275
プエブロ・ボニート　Pueblo Bonito　269〜272,274
フェレス　Feles　214〜217
ブッシュマン　Bushman　183,191
ブードゥー　Voodoo　289,290
プラオサン　Plaosan　98
プラクシテレス　Praxiteles　40,42
プランバナン　Pranbanan　97〜98
プリアポス　Priapus　47〜49
プルシェドモスティー　Předomostí　6
ブルスヴェア　Brusvea　17
プレスター・ジョン　Prester John　154,155
プレトリア　Pretoria　183
フレンチ・クオーター　French Quarter (Vieux Carré)　286,287,289
フロム　Flåm　61,65
ベニン市　Benin City　158〜165
D・ベネット　Dorothy Bennet　233,234
ベルゲン　Bergen　11,12,60〜67
ヘレロ　Herero　193〜197
ヘロドトス　Herodotus　41,137
ポウアイ　Pouai　219,222
ポート・ヴィラ　Port Vila　210〜212
ポトラッチ　Potlatch　276〜278,280
ホッペルストド　Hopperstod　61,66,67
ボラ・ボラ(島)　Bora-Bora　218〜225
ホルネレン　Hornelen　12
ボロブドゥール　Borobudur　95〜97

マ　行

マオリ　Maori　206,228〜232
マハラピ　Mahalapye　190〜197
マラエ　marae　203〜205,219〜222
マーラバール　Malabar　100,101
マロテティニ(ファレルア)　Marotetini (Farerua)　219,220

ミシュテカ　Mixteca　243
ミトラ　Mitla　248,249
ミトラス　Mithras　51,52
ミロのヴィーナス　Vénus de Milo　35〜37,40
ミロス(メロス，ミロ) Milos (Melos, Milo)　35〜43
ムザブ　M'zab　176〜179
無錫　123,126,127
ムシュフシュ　Mušhuš　85,86
E・ムンク　Edvard Munch　64,65
ムンドゥット　Mendut　98
ムンバイ　Munbai　99〜105,152
メサ・ヴァード(メーサ・ベルデ) Mesa Verde　269,272〜274
モチェ　Moche　255
モヘンジョ・ダロ　Mohenjo-daro 71〜77
モリオリ　Moriori　229
森本右近太夫　115,116
モルトゥトゥ　Mortutu　217
K・M・モワット　Ken M. Mowatt　282
モンテ・アルバン　Monte Alban　244〜248

ヤ・ラ行

ヨステダルスブレ　Jostedalsbre　11,12
ラムプサコス　Lampsakos　48
ラリベラ　Lalibera　156,157
D・リヴィングストン　David Livingstone　190,191
陸羽(りくう)　122,124〜126,129
B・リード　Bill Reid　281
李塘(りとう)　106,112
リトルワールド(野外民族博物館)　189
ルドヴィシ　Ludovisi　37〜38,40
ル・コルビュジエ　Le Corbusier　180
リューベック　Lübeck　60
レトカ(島)　Retoka　215〜217
レレパ(島)　Lelepa　217
ロイ・マタ　Roy Mata　217
ロックペルチューズ　Roquepertuse　24
ロトルア　Rotorua　226〜232
ロワール　Loire　55,58

ワ・ン行

ワヤン・クリッ　wayang kulit　95
ンガミ(湖)　Ngami　191
ンデベレ　Ndebele　183〜189

〈著者紹介〉

木村重信（きむら　しげのぶ）

1925年京都府生まれ，1949年京都大学文学部卒業，1953～74年京都市立芸術大学美術学部講師・助教授・教授，1974年大阪大学文学部教授，1989年大阪府顧問，1992年国立国際美術館館長，1998年兵庫県立近代美術館館長，2002年兵庫県立美術館館長.

毎日出版文化賞（1966年）大阪文化賞（1991年）勲三等旭日中綬賞（1998年）京都市文化功労者（1999年）兵庫県文化賞（2001年）兵庫県勢高揚功労者（2007年）など受賞.

現在：大阪大学名誉教授、京都市立芸術大学名誉教授、兵庫県立美術館名誉館長、染・清流館館長、民族藝術学会名誉会長、文学博士

著書：『木村重信著作集（全８巻）』（思文閣出版）『アフリカ美術探検』（講談社）『ヴィーナス以前』（中央公論社）『世界美術史』（朝日新聞社）など単著多数。『甦る暗黒大陸』（新潮社）など共著多数。H・W・ジャンソン『西洋美術の歴史』（創元社）など訳書数冊.

世界《せかい》を巡《めぐ》る美術探検《びじゅつたんけん》

2012（平成24）年７月１日発行

著　者
木村重信

発行者
田中　大

発行所
株式会社 思文閣出版
〒605-0089　京都市東山区元町355　電話 075(751)1781㈹

定価：本体 2,400 円（税別）

印　刷
製　本　亜細亜印刷株式会社

ISBN978-4-7842-1638-3　C1071

木村重信著作集

第1巻　美術の始原

定価8,925円

美術の始原　原始美術論　文字と装飾の起源
先史・古代の人物像と動物像
（解説：小川　勝）

第2巻　はじめにイメージありき

定価9,975円

人間にとって芸術とは何か　はじめにイメージありき　イメージの機能
ヴィーナス以前　日本人の美意識
（解説：神林恒道）

第3巻　美術探険

定価9,975円

カラハリ砂漠　巨石人像の系譜　アフリカ美術探検
アフリカ探検史　アルカイック美術探検　学術調査隊の記録
（解説：福本繁樹）

第4巻　民族芸術学

定価9,975円

民族芸術学とは何か　民族芸術の源流　東洋のかたち
生活の造形　失われた文明　土と火の造形
民族芸術の諸相
（解説：吉田憲司）

第5巻　世界美術史

定価9,975円

日本の美術　東洋の美術　西洋の美術
アフリカ・オセアニア・アメリカの美術
（解説：肥塚　隆・岡田裕成）

第6巻　現代美術論

定価9,975円

現代絵画の変貌　モダン・アートへの招待　現代絵画の解剖
ミロ、カンディンスキー、デュビュフェ　近現代美術展覧会
（解説：園府寺　司）

第7巻　美術評論

定価9,975円

画家・版画家　彫刻家　工芸家
デザイナー・建築家・映像作家　諸展覧会評
（解説：建畠　哲）

第8巻　生活文化論

定価9,975円

上方文化の探訪　文化と生活　茶と酒
新聞コラム連載
（解説：藤田治彦）

全8巻

（表示定価は消費税5％込）